Martin Friz

Brich den Hungrigen Dein Brot

Martin Friz

Brich den Hungrigen Dein Brot

Die Stuttgarter Vesperkirche
Mit Bildern von Rainer Fieselmann

Fleischhauer & Spohn

Vorwort

»Brich den Hungrigen Dein Brot«: Das ist für viele Menschen, die sich inzwischen jedes Jahr neun Wochen lang in der Stuttgarter Leonhardskirche begegnen, nicht nur ein Signal, um miteinander satt zu werden, sondern eine Aufforderung, wirklich Stunden und Tage ihres Lebens miteinander zu teilen. Für viele unserer inzwischen 800 Gäste täglich ist es natürlich wichtig, wenigstens für einige Zeit im Jahr zuverlässig mit gutem Essen und auch mit warmen Getränken versorgt zu werden. Viel wichtiger aber ist für alle, einen Ort zu haben, an dem sie nicht nur zur Not gerade eben noch geduldet werden, sondern wirklich willkommen sind.

Wenn jedes Jahr ab Mitte Januar die Vesperkirche für neun Wochen Tag für Tag die Türen öffnet, beginnt mitten in dieser Innenstadtkirche also keine Armenspeisung, sondern der Versuch vieler Menschen, andere ganz anders wahrzunehmen und teilzunehmen an ihrem Leben, sich gegenseitig ein Stück zu begleiten.

Der Raum, in dem dies stattfindet, ist nicht beliebig oder auswechselbar. »Brich den Hungrigen Dein Brot«: Weil dies ein Satz aus der Bibel ist, ist er auch Hinweis auf den Rahmen, in dem Vesperkirche stattzufinden hat: nicht am Rande der Gemeinde, in irgendeiner Lagerhalle, wo Menschen, die anders sind, gerade noch ausgehalten werden können, sondern mitten in der Gemeinde, mitten in ihrem wichtigsten Raum: ihrer Kirche.

Der große mittelalterliche Kirchenraum von Sankt Leonhard prägt dann auch das Zusammenleben vieler Gäste mit allen Ehrenamtlichen und Hauptamtlichen: Auf den Altären brennen die Kerzen den ganzen Tag wie beim Sonntagsgottesdienst, von Gästen mitgebrachte Blumen schmücken den Hauptaltar. Der Chor ist eine Oase der Ruhe und der Andacht mitten im Trubel, der sonst in der Kirche herrscht. Auf einem besonderen Kerzenständer brennen viele kleine Kerzen – als Erinnerungen an persönliche Gebete und auch als Zeichen des Gedenkens an andere Menschen.

Eine Kirche voller Leben, voller Begegnungen und Gespräche. Eine Kirche als Ort, an dem man satt werden kann an Leib und Seele: So sind die Tage in der Stuttgarter Vesperkirche gemeinsamer Lebensalltag vieler Menschen mitten in einer Kirche, und gleichzeitig Tag für Tag ein besonderer Gottesdienst mitten im Alltag dieser großen Stadt.

Die Leonhardskirche hat im Lauf ihrer langen Geschichte immer wieder Pilger und andere Menschen aufgenommen, die Nähe, die Hilfe oder Ruhe dort suchten und gefunden haben. Nicht zuletzt war sie eine Pilgerkirche auf dem Jakobsweg nach Compostela. So ist Vesperkirche mit ihrer noch kurzen Tradition von acht Jahren vielleicht gar nichts sensationell Neues, aber ganz sicher eine wichtige Erinnerung an Vieles, was in dieser Kirche schon erlebbar war. Sie ist ein Zeichen in unserer Gegenwart für das, was Kirche neben anderem auch sein kann: ein Lebensraum, in dem Menschen aufleben, Leben teilen und vor allem ein Stück Geborgenheit und Heimat erleben, die sie sonst nirgends finden können. So ist Vesperkirche nicht eine neue Art von Kirche, aber eben auch eine Seinsweise von Kirche, die mitten in unserer Stadt ihren Platz hat. Natürlich bleibt dies inzwischen nicht mehr unbemerkt. »Sind neun Wochen Nett sein zu Schwachen genug, oder ist das eher eine Vorspiegelung falscher Tatsachen, wenn es diese Einrichtung nicht das ganze Jahr gibt?«, fragen da manche. »Zieht die Vesperkirche nicht Gesindel nach Stuttgart, auf das wir hier verzichten können?«, ist eine andere Frage. «Muss das wirklich in einer Kirche sein?«, fragt ein Dritter.

Die Vesperkirche ist ein gemeinsamer Lebensraum vieler, die ihre Grenzen kennen. Es gibt kaum etwas

Schlimmeres als gute Projekte, die an der Erschöpfung der Mitarbeiter scheitern. Deshalb stehen wir dazu: neun Wochen reichen unsere Kräfte, weiter nicht. Aber in diesen neun Wochen finden viele zu neuer Kraft, ihr Leben noch einmal anders anzugehen, andere genießen es einfach, in dieser Zeit umsorgt und versorgt zu sein, oder finden ein Stück Erleichterung in ihrem unveränderbaren Elend, weil sie wenigstens auf Zeit gespürt haben, dass sie für andere Menschen etwas wert und auch wichtig sind.

Alle Fragen an die Vesperkirche haben auch noch eine andere Antwort: Der Begriff einer »sauberen Stadt«, um den sich Stuttgart so bemüht, kann nicht bedeuten, dass sich im Stadtbild nur zeigen darf, wer die Optik und das Empfinden der Mehrheit nicht stört. Armut darf öffentlich sein. Verarmte Menschen laufen bei uns Gefahr, immer »danke« sagen zu müssen für alle Leistungen, die ihnen zum Teil auch noch gesetzlich zustehen, und das mit der Auflage, dann möglichst unsichtbar zu bleiben und nicht zu stören. »Wer arm ist, ist selber schuld«, und weil er selber schuld ist, soll er uns durch seinen Anblick nicht belästigen. Den Übermut, andere so zu sehen, und die Angst, unsere eigenen Schwächen in ihrem Anblick wieder zu entdecken, tragen wir alle in uns. Ich auch. Umso wichtiger ist es für uns, andere Menschen neu zu entdecken, sie nicht einfach nur unseren Abwehrmechanismen zu unterwerfen, sondern sie als Menschen mit ihrer ganz eigenen Geschichte zu sehen, die an ihnen sichtbar wird als Verletzte, als Gezeichnete, als Abhängige, aber gerade auch als Menschen, die es wert sind, dass man ihre Nähe sucht.

So ist die Begegnung mit Menschen, die sichtbar anders sind als wir, auch eine Frage an unsere eigenen Werte: Die Würde des Menschen ist unantastbar, steht in unserem Grundgesetzbuch. Es wäre schon viel gewonnen, wenn sich das im Umgang auf unseren Straßen und in der öffentlichen Einschätzung anderer ablesen ließe. Vesperkirche versucht, im gemeinsamen Leben in Sankt Leonhard noch einen Schritt weiter zu gehen: Die Schöpfungswürde eines jeden Menschen ist unzerstörbar. Nicht, weil er sich das erarbeitet hat, das verdienen oder gar verteidigen muss, sondern weil dies sein Lebensgeschenk ist. Darum müssen wir nichts reparieren, ganz gleich wie gezeichnet durch seine Lebensgeschichte unser Gegenüber sein mag. Aber dies achten, dass wir einem Geschöpf Gottes begegnen, das unsere Zuwendung wert ist und das seine Würde hat, ohne dass wir etwas dazu beitragen müssen, das in gemeinsamen Schritten zu entfalten, ist der Versuch, Vesperkirche miteinander zu leben.

Begegnungen in der Vesperkirche bringen so manchmal sichtbare Veränderungen, manchmal sind sie »nur« ein aneinander Festhalten im Elend, das jedenfalls im Augenblick nicht veränderbar erscheint. Begegnungen in der Vesperkirche sind dann oft ganz pragmatische Hilfestellungen und ebenso oft das Wissen, nichts verändern zu können, und trotzdem ganz nahe beieinander zu sein. Nicht immer ist die Frage, was wir im Umgang miteinander bewirken können, wichtig in der Vesperkirche, sondern mit welcher Wertschätzung und Achtung wir uns begegnen und wie nahe wir uns erleben. Daraus können Hilfe oder Trost, miteinander Freuen oder einfach Solidarität in gemeinsamer Hilflosigkeit erwachsen.

»Brich den Hungrigen Dein Brot«: Das heißt bei uns in der Vesperkirche, viele andere Menschen neu zu entdecken, und bedeutet auch eine Einladung, sich selber anders zu sehen. Dieses Buch ist mit seinen Bildern und Texten eine sichtbare Einladung.

Wenn Sie selbst spüren wollen, was Vesperkirche vermitteln kann, besuchen Sie uns doch einfach beim nächsten Mal! Sie sind willkommen und wir freuen uns auf Sie.

Martin Friz

Kleine Geschichte eines großen Traums

Das Herzklopfen ist geblieben, wenn an einem Sonntag Mitte Januar die Flügeltüren der Stuttgarter Leonhardskirche nicht nur zum Gottesdienst, zum Gebet oder zum Konzert geöffnet werden. Das Herzklopfen ist geblieben, wenn wieder beginnt, worauf Menschen aus unterschiedlichsten Gründen 43 Wochen lang gewartet haben, und für neun Wochen aus der Kirche wieder wird, was Kirche sein soll: Lebensraum für die Bedrückten und die Beladenen, für die Ausgegrenzten und die Bessergestellten. Das Herzklopfen ist geblieben, weil jeder sich fragt, ob der Traum auch in diesem Jahr Wirklichkeit werden kann, dass Menschen für neun Wochen miteinander leben, die sonst aneinander vorbeischauen. Das Herzklopfen gehört zur Vesperkirche, weil sie auch Jahre nach ihrem Entstehen 1995 ein Experiment bleibt.

Begonnen hat alles, weil der Stuttgarter Diakoniepfarrer Martin Friz anderen von seinem Traum erzählt hat. Im Herbst 1994 hatte er die Vision, die er schon einige Zeit mit sich herum getragen hatte, zuerst mit Freunden und Kollegen, dann auch mit eventuellen Mitarbeitern und dem Kirchengemeinderat besprochen: Er wollte, so sein Ziel, Menschen aus den unterschiedlichsten Armutsgruppen an einem Tisch zusammenbringen. Natürlich sollte es dort auch etwas zu essen geben, aber wichtiger war ihm, dass es dort Zeit für die Menschen gibt, die aus unterschiedlichsten Gründen am Rand der Gesellschaft leben. Konkret wurde Martin Friz bei seinen Erzählungen. Er suchte einen Raum, bei dem für die Menschen eine möglichst geringe Schwellenangst besteht, aber in dem auch klar wird, dass es hier nicht um eine »Armenspeisung« aus den Restmitteln der Gesellschaft geht, sondern um gemeinsames Leben nach christlichem Verständnis. In Frage kam für einen solchen Raum eigentlich nur eine Kirche. Gerade dieser auf gottesdienstliches Geschehen ausgerichtete Raum bot jedoch für dieses Vorhaben einige logistische Schwierigkeiten: Wo soll man hier das Essen für so viele Menschen kochen? Wie sieht es mit den sanitären Einrichtungen aus? Wo kann man das gebrauchte Geschirr spülen? Wie kann ein mit langen, starren Bänken eingerichteter Raum so umgestaltet werden, dass man sich hier wohl fühlt, bleiben möchte, mit anderen an einem Tisch sitzen kann?

Viele waren der Überzeugung, dass der Traum von Pfarrer Friz eine echte Vision ist, eine Idee, die sich in die Wirklichkeit umzusetzen lohnen würde. Doch die Zweifel, ob sie tatsächlich auch durchführbar sein würde, blieben nach manchen Gesprächen zurück. Immer wenn die Fragen ins Detail gingen, zum Beispiel wie viele Menschen werden kommen, wie viele Mitarbeiter braucht man, wie viele werden sich bereit erklären zu helfen und Ähnliches, mussten Antworten offen bleiben.

Der Grundgedanke der ersten Idee hat sich in den Jahren danach bestätigt. 2003 findet die Vesperkirche nun zum neunten Mal statt. Das Ziel, dass viele verschiedene Menschen auf Zeit in einer Kirche miteinander leben, war bald erreicht und erfährt doch immer wieder neue Facetten. Etwa 60 Menschen sind in den ersten Vesperkirchentagen gekommen und haben sich diese etwas andere Kirche angeschaut. Über 800 Menschen täglich wurden nach der achten Vesperkirche 2002 verabschiedet. Diese Menschen sind so verschieden, wie das Leben in einer freien Gesellschaft sein kann. Und die Menschen haben sich in diesen acht Jahren auch verändert: Als Martin Friz seine Idee zum ersten Mal im Gespräch mitteilte, war die Rede von Gästen, die keinen festen Wohnsitz haben, die durch Alkohol oder illegale Drogen alles verloren haben, was sie besaßen. Er sprach von Straßenkindern und Frauen, die im Krieg ihre Männer verloren, nach dem Krieg wieder ihr Leben in die Hand genommen, die Trümmer beseitigt und neuen Lebensraum geschaffen haben. In der Zwischenzeit treffen sich in der Vesperkirche Menschen aus all diesen Gruppen mit

Langzeitarbeitslosen, total überschuldeten und verarmten jungen Familien, ausländischen Leiharbeitern, Prostituierten, Aids-Kranken und Bürgerkriegsflüchtlingen, aber auch mit Bankangestellten, Polizisten, Schuhverkäuferinnen, Politikern und anderen Menschen, die mittags die Gemeinschaft in der Vesperkirche suchen, und sei es nur zum gemeinsamen Essen.

Zum Bild der Vesperkirche gehören noch mehr Menschen. Ohne die über 450 Ehrenamtlichen könnte dieses neunwöchige Lebensexperiment jedes Jahr nicht stattfinden. Teilweise reisen sie über 100 Kilometer an, um für ein paar Stunden in der Kirche mitzuhelfen und mit den Gästen zu leben. Oft kommen sie aus »gutbürgerlichen« Kreisen, die sonst wenig Beziehung zu den armen Schichten der Gesellschaft haben. Frauen, die gewohnt sind, ihren Haushalt zu führen, rüstige Rentnerinnen und Rentner, die noch einmal eine Aufgabe suchen, Frauen und Männer, die, um in der Vesperkirche mitarbeiten zu können, Urlaub nehmen und Überstunden abbauen. Teilweise kommen ganze Gruppen, wie der deutsch-amerikanische Frauenclub. Andere melden sich telefonisch, weil sie in der Zeitung von der Aktion gehört haben. Zu den freiwilligen Helfern gehören auch Auszubildende verschiedener Banken und Schülerinnen und Schüler verschiedener Schulen, die im Rahmen von Projekten zum sozialen Lernen zur Vesperkirche gekommen sind. Manche von ihnen sind schon »hängen geblieben« und haben mehr Stunden mitgearbeitet, als ihr Ausbildungsprojekt dies vorsah.

Zur Vesperkirche gehören auch die Menschen, die sich ein Essen in einem Restaurant durchaus leisten könnten, die aber immer wieder in die Vesperkirche kommen, um sie finanziell zu unterstützen oder einfach da zu sein. Zu dieser Gruppe gehören jene, die in den Innenstadtgeschäften oder in Verwaltungen und Ämtern arbeiten und hier ihre Mittagspause verbringen, um mit den anderen zu essen.

Doch dies alles war nur eine vage Hoffnung, als Martin Friz im Herbst 1994 mit Mitarbeitern und Kollegen über sein Vorhaben redete. Offen war damals vor allem, wie eine solche Aktion zu finanzieren sei, denn man war sich darüber im Klaren, dass dies allein durch Spenden geschehen müsse. Obwohl große Zuversicht diesbezüglich herrschte, blieben weiter Zweifel, ob die zugesagte Unterstützung von Kirchengemeinden aus der Stadt, die Mittel aus der Öffentlichkeitsarbeit der Landeskirche und viele kleine Einzelspenden von Privatpersonen ausreichen werden, ein so großes Vorhaben in die Tat umzusetzen. Umso erstaunlicher ist es, dass Martin Friz nun schon seit acht Jahren sagen kann, wenn er einige Monate nach der Vesperkirche alle Rechnungen bezahlt hat: »Es hat wieder gereicht!«

In der Diskussion um die Finanzierung und wie die Aktion der Öffentlichkeit zu vermitteln sei, entstand auch der Name für das, was damals noch ein Traum war: »Vesperkirche«. Im Stuttgarter Dialekt wird das mit weichem »sch«-Laut gesprochen. Hinter diesem Namen verbarg sich von vorn herein eine Doppeldeutigkeit: Meint die im Hochdeutschen gebräuchliche, weibliche Form der Vesper den Gottesdienst, der am Abend gefeiert wird, so bezeichnet man im Schwäbischen mit der sächlichen Form der Vesper die gehaltvolle Zwischenmahlzeit, die insbesondere die Schwaben früherer Generationen bei schwerer körperlicher Arbeit nicht missen wollten: Schinkenwurst, Schwartenmagen, Schwarzwurst oder Leberkäs gehören ebenso dazu wie eine große Schnitte Brot und der unverwechselbare schwäbische Most. Essen und Gottesdienst gehören daher zumindest im Schwäbischen schon immer zusammen – nur auf den vergorenen Apfelsaft, wie auf allen übrigen Alkohol, wird in der Vesperkirche verzichtet. Wer 1995 den Begriff »Vesperkirche« hörte, musste zunächst nachdenken, was damit gemeint sein könnte. Über die Jahre ist dieser Begriff für viele

Menschen ein Markenzeichen für das Leben geworden, zu dem der Gottesdienst ebenso gehört wie das gemeinsame Essen, die geschenkte Zeit und die Hilfe für Leib und Leben.

Von Anfang an war Martin Friz klar, dass als Raum für sein Vorhaben nur eine Kirche in Frage käme. Nur hier würden sich alle Aspekte der Idee von Vesperkirche widerspiegeln. Dass bei der Suche dann schließlich die Wahl auf die Leonhardskirche fiel, versteht sich aus deren Lage und aus ihrer Geschichte: Heute steht sie im so genannten »Bohnenviertel« der Stadt, einem der ursprünglichsten und ältesten Stadtteile, das auch den Namen »Quartier« trägt und wo es vielleicht – in aller schwäbischen Bescheidenheit – so etwas wie einen »Kiez« gibt, Stuttgarts »Rote Meile«. Ihren Anfang nimmt diese Meile an der Leonhardskirche. Das übrige Viertel ist durch enge Gassen und Häuser, die etwas windschief und klein wirken, gekennzeichnet. Die Leonhardskirche steht also sozusagen im Brennpunkt der Stadt, an dem ihre verschiedenen Gesichter aufeinander treffen: Das Rotlichtviertel, die alte, von Winzern geprägte Stadt und die neue, die von Geschäftszeilen und Einkaufspassagen dominiert wird.

Geschichtlich gesehen steht der spätgotische Bau der Leonhardskirche, der 1408 errichtet wurde, auf dem Platz einer im 14. Jahrhundert erbauten Kapelle, die damals noch vor den Stadtmauern lag und den Pilgern, die über München und Esslingen auf dem Weg nach Santiago de Compostela waren, Schutz und Unterkunft gewährte. Benannt ist sie nach dem heiligen Leonhard, der im sechsten Jahrhundert lebte und sich im Heiligen Land für Strafgefangene einsetzte. Er ermöglichte es, dass diese, statt in den Verließen zu siechen, in der Forst- und Viehwirtschaft eingesetzt wurden und so für sie eine Wiedereingliederung in die Gesellschaft möglich wurde. In diesem Sinn hat die Vesperkirche in der Leonhardskir-

che schon vom Namen und ihrer ursprünglichen Nutzung her Tradition.

Im Zweiten Weltkrieg brannte die Kirche aus und wurde in einfacherer Ausführung später wieder aufgebaut. Die Kirche zeigt noch heute ihre Wunden: Das Kirchenschiff wird nicht mehr von einem gotischen Kreuzrippengewölbe, sondern von einer schlichten Holzdecke überspannt. Die Ansätze der alten Gewölberippen ragen dabei wie stumpfe Zähne aus den Wänden.

In den letzten Jahren ist die Leonhardskirche ein Ort geworden, in dem immer mehr die Randgruppen, die von der Gesellschaft Ausgegrenzten Raum und Beachtung finden. So gab es hier die ersten Gottesdienste für Geschiedene und Getrenntlebende, für Frauen, die Gewalterfahrungen machen mussten, und Gottesdienste für Aids-Kranke. Aber auch die Gemeinde von Leonhard hat hier weiter ihre Heimat. In diesem Sinn war Vesperkirche ein äußeres Zeichen, das all die verschiedenen Gruppen zum Zusammenleben auf Zeit im Raum der Kirche vereint.

Auf der Suche nach Menschen, die ihm helfen würden, seinen Traum zu verwirklichen, traf Martin Friz den früheren Metzger und Gastwirt Adolf Mack. Tage, nachdem Martin Friz ihm von seiner Idee erzählt hatte, rief Herr Mack ihn an: »Wenn Sie die Vesperkirche auf die Beine stellen, dann koche ich Ihnen umsonst.« Dies sei die eigentliche Geburtsstunde der Vesperkirche gewesen, erzählte Martin Friz später. Eine der vielen logistischen Fragen war nun beantwortet. Auch wenn Adolf Mack im ersten Jahr mit vielen Fragezeichen seine Arbeit aufnehmen musste, denn wer konnte schon sagen, wie viele Menschen zum Essen kommen würden, auch wenn es noch heute oft schwierig ist, die Essensmengen und Portionen richtig abzuschätzen: Hungrig ist noch niemand aus der Vesperkirche gegangen. Den Köchen gelingt es immer

wieder, auch in Engpasssituationen kulinarisch etwas »aus dem Hut zu zaubern«, sodass auch für den letzten Essensgast noch ein Nachschlag übrig bleibt.

Als Küche wurde die des in der Nähe gelegenen Waldheims Altenberg genutzt, von der aus in Behältern, die vom Deutschen Roten Kreuz zur Verfügung gestellt wurden, das Essen in die Leonhardskirche transportiert wurde. Erst vor der achten Vesperkirche wechselt die Küche von dort in die größere und besser ausgestattete Küche der Evangelischen Gesellschaft in der Stuttgarter Büchsenstraße.

Wer aber wenige Tage vor dem Start der ersten Vesperkirche zum Leonhardsplatz kam, entdeckte nur unendlich viel Chaos. Vieles davon hat sich auch in den darauf folgenden Jahren nicht geändert. Zu Beginn scheint man, trotz der inzwischen vorhanden »Routine«, vor einem Berg von schier unmöglich zu bewältigenden Aufgaben zu stehen. Wenn die Vesperkirche dann zu Ende ist, kann oft keiner so genau sagen, wie man diese schließlich doch in den Griff bekam, aber wo viele Hände zupacken und viele Köpfe mitdenken, lösen sich viele Probleme einfach von selbst.

Am 21. Januar 1995 startete die erste Stuttgarter Vesperkirche. Menschen aus vielen Stuttgarter Gemeinden feierten miteinander Gottesdienst. Auch zu Beginn der neunten Vesperkirche werden am Ende des Eröffnungsgottesdienstes die Menschen mit den Kerzen des Altars und dem gesegneten Brot in den hinteren Teil der Kirche ziehen, aus dem die Bänke entfernt worden sind, und der nun mit einem schützenden Holzboden ausgelegt ist, damit der Sandsteinboden nicht zu sehr unter der Nutzung des Kirchenraumes als Lebensraum ganz anderer Art leidet. Die Kerzen auf den Tischen werden angezündet und die Gottesdienstbesucher brechen miteinander ihr Brot. An diesen Tischen wird in den nächsten Wochen jedoch nicht nur gemeinsam gegessen, sondern gottesdienstlich miteinander gelebt . Schwäbische Maultaschen gab es am ersten Sonntag in der Vesperkirche: ein schwäbisches Essen für eine gut bürgerliche Gemeinde. Von den Menschen aber, für die Vesperkirche ins Leben gerufen wurde, war noch keine Spur zu sehen.

Das änderte sich am nächsten Tag – allerdings erst zögerlich. Die Verantwortlichen machten in den ersten Tagen die Erfahrung, dass die Eingeladenen sich erst langsam an das Angebot herantasteten. Später erfuhren sie, dass von ihnen zunächst »Abordnungen« geschickt wurden, die erkunden sollten, was denn nun eigentlich unter der Vesperkirche zu verstehen ist, und auch, wie man dort mit den Menschen umgeht. 70 Gäste waren es am ersten Wochentag der Vesperkirche – in der letzten Vesperkirche 2002 waren es etwa 800 Gäste, die das Angebot vom ersten Tag an annahmen.

»Kommt her zu mir, die ihr mühselig und beladen seid«, hat Jesus von Nazaret eingeladen. Die Vesperkirche ersetzt diese Einladung nicht, aber sie ist ein Aspekt der vielschichtigen Einladung dessen, der in der Armut eines Futtertrogs geboren und in der Einsamkeit menschlicher Folter gestorben ist.

Zur Vesperkirche gehört auch Jahr für Jahr Kritik. Manchmal werden die gleichen Sätze nur von Mund zu Mund weiter getragen, häufig aber auch laut ausgesprochen und immer wieder von Journalisten in den Medien öffentlich gemacht. Da krittelt einer, in der Vesperkriche gebe es nicht viel zu holen außer einem Teller Suppe, ein bisschen Ruhe und die Ahnung von Geborgenheit. Dafür hole die Vesperkirche aber die Armut ins Leonhardsviertel, sagen andere. Blind müssen die einen wie die anderen sein, wenn sie durch die Stadt und die Vesperkirche gehen. Wem dann gar nichts anderes mehr einfällt, der argumentiert mit der begrenzten Zeit: Die Vesperkirche sei nur ein Tropfen auf einem heißen Stein.

Wer Vesperkirche wahrnehmen will, darf nicht unter der Tür stehenbleiben. Im ersten Moment ist die stumme Schlange der Menschen zu sehen, die auf das Essen warten. Im ersten Moment ist der Schweiß ungewaschener Körper von jenen zu riechen, die in den Bänken schlafen. Im ersten Moment sind die aggressiv klingenden Stimmen zu hören, die Menschen bekommen, wenn sie auf der Straße leben. Was Vesperkirche wirklich ist, wird nur wahrnehmen, wer genauer hinsieht, sich vom Geruch nicht abschrecken lässt und nicht bei jedem lauten Ton erschrickt. Vesperkirche wird nur der wahrnehmen, der sich umfangen lässt von der Idee, dass in dieser Kirche jeder Mensch seine Würde hat.

Der Vorwurf, Vesperkirche hole die Armut in das Stadtviertel, erscheint Menschen, die die Augen und Herzen offen halten, geradezu wie Spott. Die Armut, die Nichtswürdigkeit der Menschen ist gerade in diesem Stadtteil etwas, was offensichtlich zu Tage tritt: Die Bettler im Park, die Mädchen vom Straßenstrich, die ihr Selbstbewusstsein verkauft haben und einen mit glasigen, tiefliegenden Augen ansehen, aus denen der Drogenkonsum spricht, die Menschen in der Unterführung, die nach der letzten Flasche Schnaps wie tot unter den Zeitungen schlafen, die großen Parkhäuser, in denen Menschen ohne Dach über dem Kopf wenigstens vor der schlimmsten Kälte und Nässe geschützt sind, die gibt es 365 Tage im Jahr. Man muss sie nur sehen. Genau das tut Vesperkirche: Sie macht die ewig Übersehenen sichtbar.

Viele Menschen leben in Stuttgart in Notunterkünften, nicht wenige sogar ganz ohne schützendes Dach über dem Kopf. Viele von ihnen sind suchtkrank, meist von Alkohol abhängig. Alkoholabhängigkeit gibt es in jeder sozialen Schicht, doch nur wer wohnungslos ist und die öffentliche Kontrolle über sich ergehen lassen muss, wird deshalb auch diskriminiert. Lange schon haben vernünftige Arbeitgeber und Angehörige verstanden, dass Alkohol krank machen kann. Wer kann schon begreifen, dass im Milieu der Wohnsitzlosen Alkohol von all den Schmerzen ablenkt, gegen die Kälte ankämpfen hilft und Zusammengehörigkeitsgefühl schaffen kann? Wer diese Menschen in der Vesperkirche kennen gelernt hat, der wird nie wieder sagen, was andere angeblich immer schon wussten: Wer arm, süchtig oder obdachlos ist, ist selber schuld.

Vesperkirche produziert nicht Armut, sie macht Armut jedoch sichtbar. Nicht nur die Menschen ohne eigene Wohnung leiden unter ihrer Situation, auch die meisten anderen Gäste der Vesperkirche haben sich ihre derzeitige Lebenssituation nicht selbst ausgesucht. Scheitern in der Lehre, Missbrauch durch Erwachsene, Arbeitslosigkeit durch Betriebsschließung, falsche Entscheidungen im Berufsleben oder in der Partnerschaft – dies und noch viele andere Lebenserfahrungen sind meist die Ursache für die jetzigen Lebensumstände unserer Gäste. Wer sich Zeit nimmt, mit ihnen zu reden, und wer den Mut hat, sein eigenes Leben ungeschminkt zu sehen, kommt dann nicht mehr auf die Idee zu sagen: Wer arm, süchtig oder obdachlos ist, ist selber schuld.

Christof Vetter

Der Beginn jeder Vesperkirche

Eröffnungsgottesdienst

Bis auf den letzten Platz ist die Kirche beim Eröffnungsgottesdienst gefüllt. Schon lange vor Gottesdienstbeginn sieht man überall Grüppchen von Menschen in der Kirche, die sich sichtbar über das Wiedersehen freuen. Ganz spürbar ist, dass sich da viele Menschen zum wiederholten Mal für neun Wochen auf einen gemeinsamen Weg machen, und irgendwie verbreitet sich das Gefühl, dass gar keine einschneidende Pause zwischen der letzten Vesperkirche und heute war, jedenfalls nicht bei den Menschen, die sich vertraut sind. Beim Wiedersehen tut es gut wahrzunehmen, dass nicht wenige die Kraft gefunden haben, ihr Leben zu stabilisieren. Es tut weh, bei vielen zu sehen, wie in einem Jahr ihre Zerstörung und ihre Schwäche fortgeschritten sind. Manche, die wir zu sehen gehofft haben, sind inzwischen zu schwach, um zu kommen, oder sie sind seit der letzten Vesperkirche verstorben.

Festlich ist dieser Gottesdienst, den der Hymnuschor traditionell mitgestaltet, und am Ende des Gottesdienstes ziehen wir mit großen Brotlaiben und den Kerzen vom Altar in den Teil der Kirche, der mit Tischen und Stühlen eingerichtet ist. Wir brechen das Brot miteinander als Zeichen der Gemeinschaft, und am Licht der Altarkerzen entzünden wir die Kerzen an den Tischen. Dieses Licht mit seiner Wärme soll uns alle begleiten an den Vesperkirchentagen. Es ist ein Zeichen dafür, dass alles, was in dieser Kirche geschehen wird, Teil eines Gottesdienstes ist.

Predigt zur Eröffnung der 8. Vesperkirche am 13. Januar 2002

Liebe Gemeinde!

Ich werde nie vergessen, was ein Gast mir am Ende der vorletzten Vesperkirche sagte: »Diese Wochen waren sehr schön. Es war gut, dass wir eine Heimat hatten, und das Essen hat gut geschmeckt. Aber am schönsten war, dass Ihr uns nicht irgendeinen Saal aufgeschlossen habt, sondern uns in Eure Kirche eingeladen habt.«

Da hat ein Gast verstanden, was viele von uns während der Vesperkirche immer wieder berührt: Alles, was wir hier erleben, geschieht in einem ganz besonderen Raum, der durch seine Ausstrahlung unser Miteinander prägt. Diese Kirche mit ihren brennenden Kerzen ist wie ein Schutzraum, in dem Menschen aufatmen und leben können. Ähnlich einprägsame Bilder wie das des Schutzraums begegnen uns in den Worten des 36. Psalms, der bei den Abendandachten der Vesperkirche immer wieder vorkommt:

Herr, deine Güte reicht, so weit der Himmel ist,
und deine Wahrheit, so weit die Wolken gehen.
Deine Gerechtigkeit steht wie die Berge Gottes
und dein Recht wie die große Tiefe.
Herr, du hilfst Menschen und Tieren.
Wie köstlich ist deine Güte, Gott,
dass Menschenkinder unter dem Schatten
deiner Flügel Zuflucht haben!
Sie werden satt von den reichen Gütern
deines Hauses,
und du tränkst sie mit Wonne
wie mit einem Strom.
Denn bei dir ist die Quelle des Lebens,
und in deinem Lichte sehen wir das Licht.

Unsere Güte, unsere Barmherzigkeit hat gewöhnlich enge Grenzen. Getrieben von vermeintlichen Notwendigkeiten, behindert durch unsere Ungeduld, Müdigkeit und manchmal auch unsere Selbstüberschätzung sind wir meist völlig auf uns selber fixiert. Nur wenn unsere Lebensbedürfnisse voll befriedigt sind, gibt es noch Restbestände an Güte für andere. Und aus einem so an uns selbst orientierten Leben produzieren wir dann auch unsere Lebenswahrheiten, vor allem »Wahrheiten« über andere: Wir wissen so genau, was andere Menschen wert sind – und warum viele in unseren Augen so wenig wert sind. Wir entdecken an anderen Schuld, die wir bei uns selber locker ignorieren, nur weil bei uns selber die sichtbaren Folgen weniger katastrophal sind. Und so oft entdecke ich auch bei mir selber, dass unsere »Wahrheiten« in Wahrheit Verachtung, Geringschätzung und Verletzung anderer beinhalten, die wir dann mit unserer Barmherzigkeit wieder notdürftig zu kitten versuchen.

> »Herr, deine Güte reicht, so weit der Himmel ist,
> und deine Wahrheit, so weit die Wolken gehen.«

Gottes Güte ist nicht Leistungserwiderung – sie ist Zuwendung ohne Bedingungen. In der Berührung mit solcher Güte verblassen Verletzungen, die wir uns selber oder anderen zugefügt haben. Solche Güte setzt unsere Boshaftigkeit außer Kraft. Güte lässt uns spüren, dass wir viel wert sind – so wie wir sind, und andere auch. Weil Gottes Güte keine Grenzen setzt, die uns oder andere Menschen wieder ausgrenzen. Einen Hauch dieser Güte in der Begegnung mit anderen Menschen zu erfahren: Das schafft Raum zum Atmen, Zutrauen auch zu schwachen Entfaltungsmöglichkeiten, da spüren Menschen Platz zum Leben.

Allerdings ist Gottes Güte nicht Beliebigkeit oder unverbindliches Nett-Sein, dem alles egal ist. Sie ist mit Wahrheit verbunden. Wahrheit, die nicht hinrichtet, die uns aber glasklar erleben lässt, was Recht ist und was nicht. Es ist dann nicht egal, ob wir gegen jemanden leben, Menschen ausnützen, andere verletzen, Schwache verachten. Weil wir wissen, was wir tun, und weil wir wissen, dass es nicht recht ist, was wir tun. Dies ist eine Wahrheit, die die Augen öffnet, sich selber und andere neu wahrzunehmen, ohne immer gleich die fertigen Urteile im Kopf und auf der Zunge zu haben.

> »Deine Gerechtigkeit steht wie die Berge Gottes
> und dein Recht wie die große Tiefe.
> Herr, du hilfst Menschen und Tieren.«

Güte, die nicht Beliebigkeit meint, und Wahrheit, die Klarheit schafft, ohne hinzurichten, sind dann Teile der Gerechtigkeit, die Gott als befreiende Lebensmöglichkeit für uns alle will. Gerechtigkeit, die dann auch ganz konkret erwartet, dass Armen Recht widerfährt und Schwache geschützt werden.

Es ist ganz und gar nicht egal, ob wir Flüchtlingen immer wieder pauschal unterstellen, sie seien hier, um Wohltaten abzugreifen, und permanent ignorieren, dass die Allermeisten von ihnen ums nackte Überleben gerannt sind, aus welchen Gründen auch immer. Es ist dann nicht in unsere Beliebigkeit gestellt, wie wir mit Menschen umgehen, die ohne Wohnung, ohne Arbeit oder krank sind. Sie alle haben ein Recht auf Würde, auf Achtung, auf Güte, und nicht nur ein Recht darauf, möglichst unsichtbar verstaut und aus der Wahrnehmung der Gesellschaft entsorgt zu werden.

Und es ist schon gar nicht egal, ob wir in Gedanken, Worten und Werken die Würde schwacher Menschen durch ständige Schuldzuweisungen und verächtliches Reden verletzen, statt ihnen durch Nähe und Verständnis ihre Würde zurückzugeben und sie Achtung spüren zu

lassen. Es ist deshalb nicht egal, weil wir mit unseren Unterstellungen und unserer Verachtung nicht nur Anstand oder Moralvorstellungen verletzen, sondern die Gerechtigkeit Gottes, die für uns gemeinsame Lebensräume öffnen will.

Güte ist nicht nur belanglose Nettigkeit. Auf diesem Hintergrund von Wahrheit und Gerechtigkeit, liebe Gemeinde, ist in Psalm 36 dann noch einmal von Güte die Rede:

>>Wie köstlich ist deine Güte, Gott,
dass Menschenkinder unter dem Schatten
deiner Flügel Zuflucht haben!
Sie werden satt von den reichen Gütern
deines Hauses,
und du tränkst sie mit Wonne
wie mit einem Strom.
Denn bei dir ist die Quelle des Lebens,
und in deinem Lichte sehen wir das Licht.<<

In den Bildern dieser Psalmworte scheint für mich dann wieder das Bild vom Anfang, das Bild des Schutzraumes auf. Und das, was in den nächsten neun Wochen in diesem Schutzraum geschehen soll. Ich entdecke in diesen Bildern für uns auch die Verheißung: So darf das, so wird das hier sein. Vesperkirche: Ein Raum, der Geborgenheit spüren lässt. Ein Raum, in dem die Würde eines jeden Einzelnen Platz hat, und nicht die Verachtung. Ein Raum, in dem man spürt: Ich bin willkommen. Ein Raum, in dem für Leib und Seele gesorgt ist. Ein Raum, in dem viele Menschen fröhlich miteinander leben.

>>Wie köstlich ist deine Güte, Gott,
dass Menschenkinder unter dem Schatten
deiner Flügel Zuflucht haben!<<

Gibt es ein schöneres Bild für diesen Schutzraum der Leonhardskirche und für das, was in den nächsten neun Wochen hier geschehen soll? – Ja, es ist gut, dass wir heute nicht irgendeinen Saal aufschließen, sondern in dieser Kirche, in diesem Schutzraum miteinander leben werden. Amen.

Ein Tag in der Vesperkirche

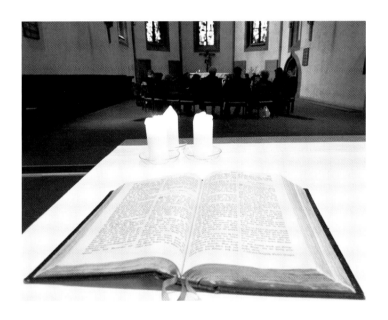

Auf dem Platz vor der Leonhardskirche mitten in Stuttgart haben sich viele Menschen versammelt. In Gruppen stehen sie beieinander, lautes Gelächter dringt aus einer Ecke. Einige setzen die Bierflasche oder die Rotweinflasche an, viele haben ihre Hunde mitgebracht. An der Seitenwand liegen drei Männer auf dem Pflaster. Sie scheinen zu schlafen, auch wenn es heute bitter kalt ist. Eine seltsame Versammlung hat sich hier zusammengefunden, Menschen ganz unterschiedlichen Alters, viele von ihnen in abgetragener Kleidung, aber alle machen den Eindruck, dass dieser Platz ihr Platz ist, ein Platz, auf den sie nicht zufällig gekommen sind, sondern ein Ort, den sie zu Recht in Besitz genommen haben.

Die Türen der Leonhardskirche stehen weit offen, und wer in die Kirche hineingeht, ist mit Eindrücken konfrontiert, die für einen Kirchenraum ungewöhnlich sind. Tische und Stühle nehmen den hinteren Teil der Kirche ein, nicht Bänke, wie man es gewohnt ist. Zudem ist die Kirche an diesem Werktag nicht leer, stattdessen sind alle Stühle besetzt mit Menschen, die sich offenbar ein Essen schmecken lassen. An einer Theke steht eine lange Schlange, an einer anderen werden Getränke ausgegeben. Trotz der vielen Menschen herrscht eine fröhlich gelöste Atmosphäre. Erstaunlich ruhig ist es trotz der vielen Besucher, und wie auf dem Platz davor entsteht der Eindruck, dass diese Menschen hier sind, weil sie hierher gehören.

Schnell wird sichtbar, dass es sich nicht etwa um eine aufgelöste Kirche handelt, die nun eben für andere Zwecke freigegeben ist. Nein, dies ist Kirche in vollem Betrieb. An den Altären brennen Kerzen, im vorderen Teil stehen Bänke – wie in jeder anderen Kirche auch. Beides gehört offenbar zusammen: der gewohnte Kirchenraum und das volle Leben, das von dieser Kirche Besitz ergriffen hat. Geht man aus dem Teil mit den Tischen und Stühlen nach vorne zum Altar, bemerkt man, dass hier Menschen in den Bänken und auf dem warmen Boden dazwischen liegen, Menschen, die offenbar nirgends sonst einen gesicherten Schlafplatz haben und sich hier einfach erschöpft und beschützt ausruhen können. Dieses Bild der in den Bänken schlafenden Menschen strahlt eine seltsame Ruhe und auch Frieden aus.

Rechts neben der Kanzel geht es dafür um so bunter zu: Viele Kinder haben hier ihre Spielecke, einen eigenen Schutzraum in der Kirche gefunden. Jugendliche malen mit ihnen, bauen Burgen, fahren mit den Autos. Ganz selbstvergessen wird hier gespielt, die ungewöhnliche Umgebung hemmt dabei niemanden.

Auf dem Altar stehen viele Blumen. Die Sträuße und einzelnen Blumen passen nicht zusammen, sie sind bunt gewürfelt, weil sie Geschenke der Menschen sind, die die Vesperkirche besuchen. Es sind Geschenke der Gäste an ihre Kirche.

Blickt man vom Altar zurück zum Eingang, sieht man, dass sich ganz unterschiedliche Besuchergruppen in der Vesperkirche mischen. Morgens um neun Uhr, wenn die Türen sich öffnen, kommen schon die vielen älteren Frauen, die bis zur Andacht um vier Uhr nachmittags nicht mehr aus der Kirche weichen werden. Ruhig ist es in den Morgenstunden in der Vesperkirche. Wer kommt, holt sich einen Kaffee oder Tee, ein Brötchen oder eine Brezel, die ersten fangen an, Schach zu spielen, andere unterhalten sich. Ab elf Uhr wird es dann voller, und kurz vor halb zwölf bildet sich eine Schlange vor der Essensausgabe. Längst hat es sich herumgesprochen, was es heute zu essen gibt, das steht an einer großen Tafel mit Kreide angeschrieben. Meistens ist es ein Essen, dass sich unsere Gäste sonst nicht selber kochen oder sich auch nicht leisten können. Drei Stunden lang wird die Schlange nicht abreißen, und es grenzt jeden Tag an ein Wunder, wie sich

etwa 800 Essensgäste umschichtig auf den 200 Stühlen der Vesperkirche niederlassen, und dann wieder Platz machen für andere.

So gegen zwei Uhr gibt es dann eine weitere Schlange: »Süße Stückle« werden ausgegeben, die von den Bäckern manchmal extra für die Vesperkirche gebacken werden und nicht einfach übrig geblieben sind. Es ist schon beeindruckend, wie Dinge, die wir uns so nebenbei gönnen, hier einen ganz besonderen Wert bekommen.

Später beginnt die Ausgabe der Vesperbeutel. Belegte Brote mit Wurst und Käse werden als Abendmahlzeit in diesen Beuteln ausgeteilt, die die Gäste mit nach Hause nehmen können. Dann wird es langsam ruhiger, und um vier Uhr schließt der Vesperkirchentag mit einer kurzen Andacht.

Ganz unterschiedliche Menschen waren dann in der Leonhardskirche: Trümmerfrauen, die unser Land nach dem Krieg wieder aufgebaut haben und doch kaum eine nennenswerte Rente bekommen; Langzeitarbeitslose, die ohne jede Hoffnung längst aufgegeben haben, Bewerbungsschreiben abzusenden, und einfach nur da sind, resigniert, meist in ihrer Lebenssituation verzweifelt; auffallend viele junge Menschen, die den Anschluss zur Arbeitswelt verloren oder ihn von Anfang an gar nicht gefunden haben; psychisch Kranke und natürlich auch Wohnsitzlose: Ihnen sieht man besonders die Härte ihres Lebensalltags an; Drogenabhängige in großer Zahl, auch die Mädchen vom Straßenstrich; Punker mit Haaren in allen Farben des Regenbogens; junge Familien mit kleinen Kindern, die völlig überschuldet sind.

Jeder darf so kommen, wie er ist, und, wenn er will, darf er auch wieder so gehen, wie er gekommen ist, ohne dass irgend jemand besser wüsste, wie Leben geht. Nur wenn ein Mensch bei uns von sich aus um Rat und Hilfe fragt, setzen wir alles in Bewegung, was in unserer Macht steht.

Begegnungen

»Hast du mal Zeit für mich?«

»Setz dich mal ganz vorne in die erste Reihe, dort beim Altar, ich komme gleich.« So fangen viele Begegnungen in der Vesperkirche an. Nicht selten wird aus dem »mal Zeit« ein sehr langes Gespräch, in dem die Menschen mir ihr Herz ausschütten, und dann versuchen wir alles, um zumindest dort Abhilfe in der Not zu schaffen, wo es uns möglich ist.

Da steht ein junges Mädchen vor mir, völlig abgemagert, und hält mir einen Zettel hin, auf dem steht »Notquartier Hauptstätter Straße«. Sie spricht kaum Deutsch und nur gebrochen Englisch, die Verständigung ist schwierig. Klar ist nur, dieses Quartier kommt für sie nicht in Frage, diesen Umständen ist sie nicht gewachsen. Es ist Freitag Nachmittag, und Alternativen gibt es kaum. Ein Anruf in unserer Flüchtlingsunterkunft ergibt, dass dort noch ein kleines Zimmer frei ist – wenigstens für das Wochenende ist für ein Quartier gesorgt. Die Geschichte, die sie mir dann zu erzählen versucht, zeigt mir nur, dass sie völlig erschöpft und am Ende ist. Mit Hilfe einer Dolmetscherin erfahren wir in den nächsten Tagen etwas mehr, aber über das, was sie wirklich bedrückt, schweigt sie nach wie vor. Mit Hilfe unserer Ärztinnen und mit regelmäßigen Mahlzeiten können wir sie etwas stabilisieren, und irgendwann fühlt sie sich dann stark genug, um wieder zu ihren Eltern nach Rumänien zurückzufahren. Nach einigen Wochen erreicht uns ein Brief von ihr, in dem sie sich überschwänglich bedankt. Sie war offenbar in größerer Not, als sie uns sagen konnte, und ist froh, wieder zu Hause zu sein.

»Hast du mal Zeit für mich?«

Vor mir steht ein Mann Mitte dreißig, er erzählt mir, dass er gerade nach vier Jahren Haft aus dem Knast kommt. Jetzt soll alles anders werden, allerdings schläft er schon seit vier Nächten draußen, weil er kein Quartier gefunden hat und auf der ganzen Welt niemanden kennt, den es interessiert, dass er wieder in Freiheit ist.

Am nächsten Tag nehmen wir Kontakt mit dem Bewährungshelfer auf. Diesem gelingt es auch, eine Unterkunft zu finden, und eigentlich dürfte es nicht schwierig sein, ihn auf dem Arbeitsmarkt zu vermitteln, er ist gelernter Automechaniker. Doch Betrug und Drogendelikte behindern sein Leben schwer. Drei Wochen sehen wir ihn nicht, dann erzählt er uns, dass er doch eine Arbeitsstelle außerhalb von Stuttgart gefunden hat und nun hofft, dass es irgendwie etwas wird mit dem Neuanfang.

»Hast du mal Zeit für mich?«

Strahlend steht eine Sechzehnjährige vor mir. »Du, ich glaube, ich bin schwanger. Das wäre schön! Hast du mal einen Schwangerschaftstest für mich?« Wir holen den Schwangerschaftstest aus der Ambulanz. Nach einer Viertelstunde steht sie wieder vor mir und sagt: »Ich kriege das nicht hin. Hast du jemanden, der mir dabei hilft?« Eine unserer Ärztinnen macht sich mit ihr auf den Weg. Nach einer halben Stunde steht das Ergebnis fest: Sie ist schwanger. Sie freut sich riesig. Ich weiß nicht so recht, ob ich mich mitfreuen soll. Sie kennt ihren Freund kaum, hat seit einem halben Jahr keinen Kontakt zu ihren Eltern, ist im Grunde ganz allein auf der Welt. Natürlich freut sie sich auf ihr Kind. Das wäre ja wirklich was zum Liebhaben, ein Wesen, das einen später dann selber lieb hat. Ihre ganze Sehnsucht bündelt sich im Gedanken an dieses Kind.

»Hast du mal Zeit für mich?«

Peter kennt jeder. Er ist erst Anfang 45 und sieht aus wie 60. Ein Alkoholiker, der schon bis zur Mittagszeit zwei Liter Schnaps braucht, um irgendwie zu überleben. Außerhalb der Vesperkirchenzeit liegt er irgendwo in der Stadt, während der Vesperkirche liegt er bei uns – seit Jahren schon. Und dann nimmt Peter seine ganze Kraft zusammen und sagt: »Du musst mich irgendwo unterbringen, wo man die Tür von außen zuschließt, denn sonst haue ich wieder ab, aber ich kann nicht mehr.« Viele Entgiftungen hat er schon hinter sich, und immer ist er wieder abgehauen. Jetzt ist er selber an dem Punkt, an dem er spürt, dass er es ohne Hilfe nicht schaffen wird. Mit Einverständnis seines gesetzlichen Betreuers kommt er in eine Stuttgarter Klinik, wo erst einmal sein Allgemeinzustand verbessert wird. Von dort wird er in eine geschlossene Abteilung zur Entgiftung überwiesen. Eine Mitarbeiterin und sein Bruder besuchen ihn regelmäßig und berichten uns, dass es ihm viel besser geht. Eines Tages steht er vor uns. Zunächst erkenne ich ihn nicht wieder. Er hat die Haare geschnitten, steht aufrecht, schaut einigermaßen klar in diese Welt. Es stellt sich heraus, dass er keineswegs Ausgang hat, sondern abgehauen ist. Das Krankenhaus ist schon auf der Suche nach ihm, die Polizei nimmt ihn wieder mit, er kommt wieder dorthin, wo er hin wollte, aber wo er doch nicht bleiben will. Ich weiß nicht, welche Zukunft Peter hat, aber er ist selber einen ersten Schritt gegangen.

»Hast du mal Zeit für mich?«

Petra steht vor mir, siebzehn ist sie. »Ich habe das erste Ultraschallbild von meinem Kind, nun schau mal, ist es nicht süß?« Ihre Augen strahlen. Sie zieht mit ihrem Freund von Schlafplatz zu Schlafplatz. Auch für sie versuchen wir eine Bleibe zu finden, in der sie nicht nur jetzt, sondern später auch mit ihrem Kind bleiben kann. Sie will aber eine Wohnung für sich und ihren Freund. Der ist jedoch Asylbewerber und wurde abgelehnt. Eigentlich darf er gar nicht mehr hier sein. Petra versteht das nicht, wenn ich ihr klar zu machen versuche, dass wir zunächst nur für sie und dann für ihr Kind einen Platz suchen können. Wir reden jeden Tag, eine ganze Woche lang über dieses Problem. Dann bleibt sie weg. Ich weiß nicht, wie es ihr geht. Ich hoffe, dass sie sich einmal so über ihr Kind freuen kann, wie sie sich über das erste Ultraschallbild gefreut hat.

Ein Minister unseres Landes hat sich angemeldet. Er ist mitten im Wahlkampf. Wir sind gespannt, was das für ein Auftritt wird, und sind dann angenehm überrascht. Er kommt ohne Anhang, redet mit den Gästen, sitzt beim Broteschmieren bei den Ehrenamtlichen und ist sichtbar berührt von dem, was er hier erlebt. »Warum sind so viele junge Menschen hier? Wir haben doch viele Programme, genau diese wieder in den Arbeitsmarkt zu integrieren«, fragt er. Diese Programme sind sicher wichtig, aber offensichtlich sind viele Lebensgeschichten junger Arbeitsloser trotz allem nicht kompatibel mit all dem, was wir uns für sie ausdenken. Alles in allem war das ein sehr schöner Besuch. Wir sind nicht Rahmen eines Auftritts, sondern Ziel und Inhalt seines Besuchs.

Auch viele andere Menschen, die in der Politik engagiert oder beruflich tätig sind, besuchen uns immer wieder. Ich bin froh darüber, dass so die Gäste unserer Vesperkirche in besonderer Weise mit all den Fragen und Problemen wahrgenommen werden, die aus ihrer Lebensgeschichte entstehen. Die Gespräche sind meist sehr intensiv und manchmal auch kontrovers. Das Schöne ist,

dass die meisten Besucher aus dem Bereich der Politik im darauf folgenden Jahr wieder in die Vesperkirche kommen.

»Hast du mal Zeit für mich?«

Einem Mann Mitte zwanzig ist es ganz wichtig, und er holt mich draußen vom Platz. Sein Vater sei sehr schwer krank und er habe kein Geld, um zu ihm in die Nähe von Pforzheim zu fahren. Ob ich ihm eine Fahrkarte besorgen könnte? Ein Anruf bei der Bahnhofsmission genügt, er kann dort hin gehen und bekommt auf unsere Rechnung eine Fahrkarte, damit er seinen kranken Vater besuchen kann. Eine Stunde später ruft die Bahnpolizei bei mir an und fragt mich, ob ich diesen jungen Mann kenne. Er habe versucht, die Fahrkarte, die er von der Bahnhofsmission bekommen hat, so zu fälschen, dass er sie wieder zu Geld machen kann, um sich offensichtlich Drogen zu besorgen. Ich bin sauer und versuche mir klar zu machen, dass ich diesen Frust nicht auf den Nächsten übertragen darf, der Hilfe von mir braucht.

»Hast du mal eine Kopfschmerztablette für mich?«

»Lass uns in die Ambulanz gehen.« Als das etwa 14-jährige Mädchen dort die Kopfschmerztablette von mir bekommt, sagt sie: »Du, ich bin von zu Hause abgehauen.« Vier Tage hat sie jetzt gebraucht, um auf uns zuzugehen. Sie war immer auf dem Platz vor der Kirche, kam zum Essen herein und ging dann wieder. Ich hatte sie wohl gesehen, aber gewartet, bis sie selber kam. Ihre Mutter, eine Alkoholikerin, hatte sie, wie oft schon vorher, verprügelt, und irgendwann war es dann genug. Sie ist einfach gegangen. Lange erzählt sie mir von ihrer abgebrochenen Lehre, davon, wie sie immer wieder geplant hat abzuhauen und es doch nicht schaffte. Jetzt ist sie da, und sie weiß einfach nicht weiter. Mit »Schlupfwinkel« und Jugendamt gelingt es uns, sie in der Unterkunft für Jugendliche unterzubringen. Sie will aus Stuttgart raus – nach Würzburg möglichst. Alle Beteiligten suchen nach Möglichkeiten. Sie kommt täglich in die Vesperkirche und bringt Mädchen mit, die ganz ähnliche Probleme haben. Ein paar Tage später erzählt mir die Polizei, dass sie mit Drogen erwischt wurde, zwei Tage später wird sie aus dem Auto eines Freiers geholt. Die Zeit wird knapp, ich hoffe, dass wir es rechtzeitig schaffen, sie außerhalb Stuttgarts so unterzubringen, dass sie neue Lebensversuche machen kann ohne die Gefährdung, der sie offenbar jetzt ganz massiv ausgesetzt ist.

Gerade in solchen Situationen bin ich sehr dankbar für alle Unterstützung, vor allem durch das Jugendamt, und für die gute Zusammenarbeit mit dem »Schlupfwinkel«.

»Hast du mal Zeit für mich?«

Ich kenne Petra schon seit Jahren. Ihr erstes Kind ist seit zwei Jahren in einer Pflegefamilie, voller Stolz berichtet sie uns zu Beginn der Vesperkirche, dass sie wieder schwanger ist. »Und ich bin fast clean, nur ein paar Bier am Tag und Methadon, aber das schaffe ich auch noch!« Von Woche zu Woche wird sie schwächer und sichtbar abhängiger. Zum Schluss liegt sie auf einer Decke vor der Ambulanz und ist völlig zugedröhnt mit Rauschgift und Tabletten. Unsere Ärztinnen können keine Kindsbewegungen mehr feststellen. Ein Krankenwagen bringt sie in die Klinik. Wir sehen sie nicht mehr und wissen nicht, ob ihr Kind noch lebt und wie es ihr geht.

Ein Bundestagsabgeordneter besucht uns. Er hat drei Stunden Zeit mitgebracht, also kein Blitzbesuch. Nach einem ersten Gespräch bewegt er sich wie selbstverständlich unter den Gästen, hat viele Gespräche und Kontakte zu ganz unterschiedlichen Gästen und Ehrenamtlichen. Als wir vor seinem Weggehen lange miteinander reden, spüre ich, dass ihn die Eindrücke der Vesperkirche sehr nachdenklich gemacht haben. Ich begleite ihn noch ein Stück zu seinem nächsten Ziel, wir sind wohl beide froh, dass er sich viel Zeit genommen hat für den Besuch bei uns.

Tag für Tag haben wir eine fröhliche Frau in unserer Kirche. Sie ist durch Drogen und Alkohol völlig zerstört und manchmal überhaupt nicht mehr ansprechbar. Aber fröhlich ist sie eigentlich immer. Leider auch so, dass sie andere stört. Es ist immer eine schwierige Gratwanderung, sie bei uns zu haben, aber sie gehört zu uns. Wir müssen sie immer so beruhigen, dass sie andere nicht gegen sich aufbringt. Sie ist, wie sie geworden ist, und lebt oft in ihrer ganz eigenen Welt. Manchmal ist es schwer für uns, es mit ihr auszuhalten.

Bitte nicht schon wieder! Ein Alkoholiker wird laut und lässt sich kaum beruhigen. Zwei Stunden später liegt er besinnungslos vor der Kirche. Der Krankenwagen kommt. Am nächsten Tag ist er wieder da. Er wird laut. Bitte nicht schon wieder!

Eine Oma sitzt aufrecht und fröhlich an einem unserer Tische. Sie trägt Hausschuhe und hat bei sich eine Plastiktüte mit etwas Butter und Marmelade. Sie erzählt alles Mögliche und ist manchmal so verwirrt, dass Gäste, die mit ihr am Tisch sitzen, zu uns kommen. Die Hausschuhe, die sie trägt, und auch ihre andere Kleidung deuten nicht darauf hin, dass sie einen größeren Ausflug geplant hatte, als sie von zu Hause wegging. Was sie erzählt, ist ziemlich unzusammenhängend, mit einem Wort: Sie ist offensichtlich verwirrt. Ein Anruf bei der Polizei klärt, dass schon seit zwei Tagen nach ihr gesucht wird, weil sie aus ihrem Pflegeheim weggelaufen ist. Freundliche Polizisten bringen sie dorthin wieder zurück, wo sie hergekommen ist.

Eine große blonde Frau ist mit ihrem Freund und manchmal auch mit ihrem Sohn nun schon seit einigen Tagen in der Kirche. »Hast du mal Zeit für mich?« Sie braucht Geld, die Unterhaltszahlungen ihres geschiedenen Mannes sind noch nicht gekommen. Ihren Sohn hat sie bei einer Freundin untergebracht, weil die Wohnung, in der sie lebt, gekündigt wurde. Ihr Freund randaliert offensichtlich manchmal unter Alkoholeinfluss. Zwei Tage später kommt sie mit blauem Auge. Ihr Freund hat wieder zugeschlagen. Irgendwann sitzt sie neben mir und weint hemmungslos. Unsere Juristin hat sie im Blick auf die Wohnungskündigung beraten, auch die Unterhaltszahlung ist wieder eingetroffen. Trotzdem scheinen die vor ihr liegenden Zeiten schier aussichtslos. Ich versuche ihr klarzumachen, dass ein Freund, der einen ständig verprügelt, vielleicht auf Dauer doch nicht der ganz richtige Partner sein kann. »Ach weißt du, ich bin doch nichts anderes gewöhnt, ich werde doch geschlagen, seit ich zehn Jahre alt bin.«

»Hast du mal Zeit für mich?«

Strahlend kommt eine Frau Mitte 20 durch den Mittelgang der Kirche auf mich zu. Vor Jahren lag sie

völlig zugedröhnt bei uns in der Kirchenbank. Über Methadon-Programm und andere Hilfsmaßnahmen hat sie es geschafft, sie ist völlig drogenfrei und hat ihre Lehre fast abgeschlossen Sie sagt: »Ich wollte es dir nur sagen, dass es mir gut geht und dass es mir gut getan hat, dass ihr damals für mich gesorgt habt, jetzt kann ich allein meinen Weg gehen.«

»Hast du mal Zeit für mich?«

Ein Punker steht vor mir. »Du, ich brauche eine Kerze, uns hat man den Strom abgestellt in unserem Quartier.« Ich gehe in die Sakristei und besorge ihnen zwei neue Kerzen. Er sagt zu mir: »Danke, aber hast du noch ein paar abgebrannte von hier, es ist wichtig für uns, dass die Kerzen von hier sind.«

»Hast du mal Zeit für mich?«

Begegnungen in der Vesperkirche können manchmal nicht viel verändern. Lebensgeschichten zeigen oft lange Spuren von Verletzungen und Sucht, Selbstzerstörung und Fremdverletzung. Und doch ist in diesen Begegnungen sehr viel Nähe. Da sind Menschen, die zuhören, man kann reden, man kann endlich jemand anderem sagen, wie es einem geht. Sich in aller Ohnmacht gegenseitig festhalten, miteinander schweigen, ein paar Schritte gehen, das nimmt Verlassenheit aus manchem Leben. Es miteinander aushalten – auch wenn schnelle Veränderung nicht möglich ist –, das bringt Nähe, die einfach gut tut.

Nähe braucht Zeichen und auch Berührungen, oft ganz beiläufig. Es ist für viele in der Vesperkirche wichtig, dass ich sie mit Handschlag begrüße oder wenigstens einen kurzen Blickkontakt habe. »Hallo, schön, dass du heute wieder da bist.« Für unsere Gäste ist ganz wichtig: Da freut sich jemand, dass ich heute wieder da bin. Jemand merkt, dass es mich gibt. Unvergessen für mich ist, dass einer zu mir sagte: »Wenn ich zwei Wochen tot in meinem Zimmer liege, wird es wohl niemand merken.« Oder was noch schlimmer ist: »Niemand interessiert sich dafür, ob ich noch lebe oder nicht.« In der Vesperkirche dagegen gibt es Menschen, die freuen sich, dass ausgerechnet ich wieder in der Vesperkirche bin, oder sie nehmen es wenigstens wahr. Ich bin jemand, der dadurch ein bisschen wichtig ist für jemand anderes, ein Gefühl, das ich sonst nie habe – auch das ist eine Vesperkirchenerfahrung.

Jan. Er war vom ersten Tag der Vesperkirche an auf dem Platz. Seit vier Jahren ist er immer da, die ganze Vesperkirchenzeit über. Jan dürfte jetzt etwa 17 sein. Er hatte einen großen Hund bei sich und ist offensichtlich bei vielen unserer Gäste gut bekannt. Jan hat, wie er sagt, überhaupt niemanden mehr auf der Welt, der zu ihm gehört. Er hat alle Stationen der Jugendhilfe längst durchlaufen, bis hin zu allen Spezialprogrammen, die denkbar waren. Am Anfang war auch bei ihm die Freude groß, dass es wieder Vesperkirche gibt. Im Lauf der Wochen wurde er immer verschlossener, immer aggressiver anderen gegenüber. Dies teilte sich auch seinem Hund mit, der immer unberechenbarer wurde. Es gab intensive Gespräche zwischen Jan und mir. Für einige Tage habe ich ihm ein Zimmer besorgt, als er auf der Straße stand. Die Polizei informierte uns, dass er wegen Schlägereien auffällig wurde, und auch wegen Drogenhandels. Eines Morgens erzählt mir jemand auf dem Platz, Jan sitze im Gefängnis, sein Hund sei eingeschläfert worden. Er hatte ihn

buchstäblich als Waffe anderen gegenüber benützt und wurde auch mit einer erheblichen Menge Rauschgift erwischt. Jan schreibt jetzt rührende und ganz kindliche Briefe aus der Untersuchungshaft. Ich weiß nicht, ob wir Jan bei der nächsten Vesperkirche wiedersehen werden.

Jörg. Auch Jörg hat uns über viele Vesperkirchen begleitet. Er ist Anfang 20, HIV-positiv und trägt eine Punkerfrisur. Diesmal kommt er am Anfang der Vesperkirche frisch aus dem Knast. Wie er sagt, gehe es ihm ausgezeichnet, der Entzug im Knast habe ihm ausgesprochen gut getan. Es ist schön, mit Jörg reden zu können, denn Gespräche mit ihm machen Spaß. Die meisten Vesperkirchen davor war er so betrunken oder mit Drogen zu, dass Gespräche nur selten möglich waren. Im Lauf der Wochen »akklimatisiert« er sich dann in der freien Welt. Alkohol und Drogen spielen wieder eine Rolle, allerdings nicht so, wie wir es aus den Vorjahren gewohnt waren. Nach zwei Wochen Vesperkirche fehlt Jörg plötzlich, niemand weiß bis heute, wo er abgeblieben ist und warum. Wir vermissen ihn.

Tägliche Andachten

Gegen vier Uhr am Nachmittag leert sich die Kirche langsam. Vorsichtig und zärtlich werden alle geweckt, die noch in den Bänken schlafen. Auch sie bekommen einen Vesperbeutel für den Abend, und dann schließt jeder Tag mit einer kurzen Andacht.

Es tut gut, nicht einfach auseinander zu laufen mit all den Erfahrungen des Tages, sondern das, was gelungen ist an diesem Tag, und das, was offen blieb, gemeinsam Gott anzuvertrauen.

Schönes Orgelspiel, ein gemeinsames Lied, ein kurzer biblischer Text und ein sehr persönliches Fürbittengebet, das aufnimmt, was geschehen ist an diesem Tag, sind ein guter gemeinsamer Abschluss.

Wie den ganzen Tag schon versammeln sich unterschiedliche Menschen zu dieser Andacht. Es ist eine Zusammensetzung, wie man sie kaum einmal sonst im Gottesdienst in einer der Stuttgarter Kirchen erlebt. Nicht weil sie von außen gesehen zusammengehören – eine gutsituierte Mitarbeiterin neben einem Mann, der die Nacht im Freien verbringen wird, eine Drogenabhängige vom Straßenstrich neben einem Kirchengemeinderat –, sondern weil sie den ganzen Tag in dieser Kirche Leben miteinander geteilt haben sitzen sie ganz selbstverständlich nebeneinander: Gleich geachtet, gleichviel wert in dieser Gemeinschaft, die nun gemeinsam den Tag mit dieser Andacht schließt.

Lebenswelten der Vesperkirche

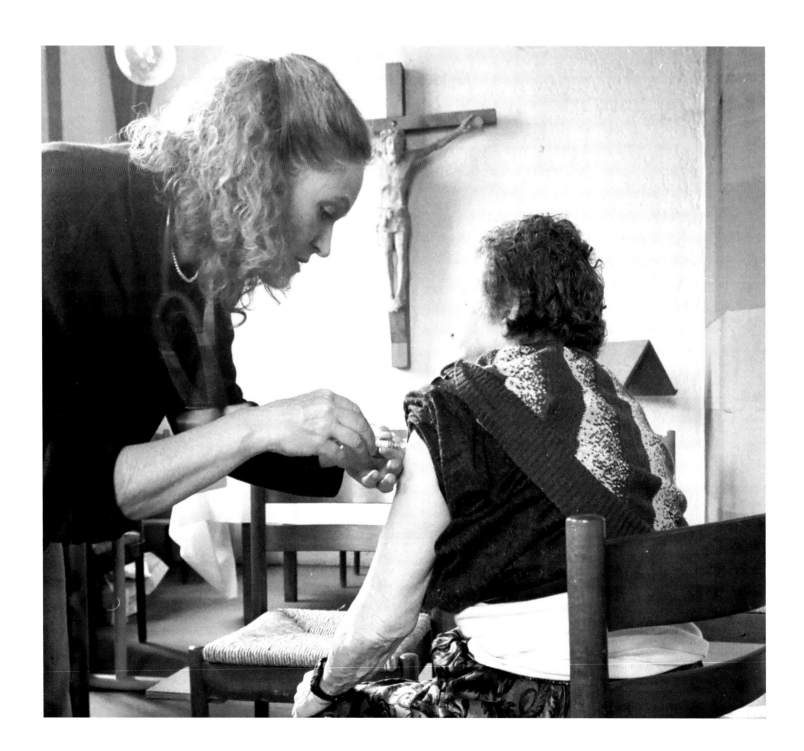

Ambulanz

Ein ganz wichtiger Ort in unserer Vesperkirche ist inzwischen die Ambulanz. Sie ist in der Magdalenenkapelle untergebracht, und wenn dort behandelt wird, brennt auch in dieser Kapelle eine Kerze am Kruzifix. So ist sie eingebunden in all das, was in der Leonhardskirche geschieht. Fünf Ärztinnen und ein Arzt arbeiten inzwischen ehrenamtlich in dieser Ambulanz, sodass an sechs von sieben Nachmittagen die ärztliche Versorgung gewährleistet ist. Natürlich hat jeder Mensch in Stuttgart, soweit er nicht illegal hier ist, ein Recht auf ärztliche Versorgung in irgendeiner der vielen Praxen dieser Stadt. Und doch zeigt sich schon am Eröffnungssonntag nachmittags in der Ambulanz, dass nicht alle den Zugang zu diesem System finden. Für viele Menschen braucht es offenbar dieses Angebot, dass man, wenn man schon sowieso in der Kirche ist, sich auch einen ärztlichen Rat holen kann. Viele haben seit Jahren keinen Arzt mehr aufgesucht und haben nun Angst, diese Schwelle wieder zu übertreten. Die Ambulanz in der Vesperkirche hat so wenig öffentlichen Charakter, dass sich die Menschen hier trauen, mit ihren oft schlimmen gesundheitlichen Problemen professionellen Rat in Anspruch zu nehmen. Die Wunden sehen zum Teil böse aus, wenigstens am Anfang der Vesperkirche. Offene Füße, schwere Spritzenabszesse, aber auch Erkältungen und andere Infekte bringen unsere Gäste in die Ambulanz. Voller Vertrauen suchen sie das Gespräch und fachkundige Beratung. Gerade hier in der Ambulanz wird deutlich, dass Vesperkirche den ganzen Menschen meint. Diese Kirche ist keine »Abfütterungsstation«, sondern Lebensraum für Menschen mit ihren ganz verschiedenen Bedürfnissen und Nöten. Gerade die Linderung von Schmerzen, die Berührung, die behutsame Art des Redens miteinander in der Ambulanz sind ein spürbares, erlebbares Zeichen für unsere Gäste: »Du bist uns wichtig, so wie es dir gerade geht, und das, was wir an Hilfe geben können, wollen wir gerne geben, wenn du es annehmen willst.« Unsere Ambulanz ist sicher keine Konkurrenz für Stuttgarter Arztpraxen, aber eine sinnvolle Ergänzung der medizinischen Versorgung für all die Menschen, die sonst den Weg zu einem Arzt einfach nicht finden. Und wenn es hier ganz heftig wird, gibt es Gott sei Dank noch das Bethesda-Krankenhaus in unserer Nähe, dorthin dürfen wir alle schicken, denen wir in der Ambulanz nicht helfen können. Mit großer Selbstverständlichkeit werden unsere Gäste dort versorgt. Wenn es gar nicht anders geht, genügt ein Anruf beim Roten Kreuz, und ein Krankenwagen oder Notarzt hilft weiter. Auch diese Zusammenarbeit ist inzwischen zu einem freundschaftlichen Miteinander gewachsen, das für manche unserer Gäste buchstäblich lebensrettend ist.

Einer der Höhepunkte ärztlicher Versorgung in der Vesperkirche ist sicher die große Impfaktion gegen Tetanus und Diphtherie. Obwohl diese Aktion schon zum sechsten Mal lief, waren es insgesamt über 50 Patienten, die sich impfen ließen. Auch dies ist ein Stück wichtige Vorsorge für Menschen, die sonst ohne diesen Impfschutz leben müssten.

Ich bin froh, dass sich die Stuttgarter Ärzteschaft in dieser Weise an unserem Zusammenleben beteiligt.

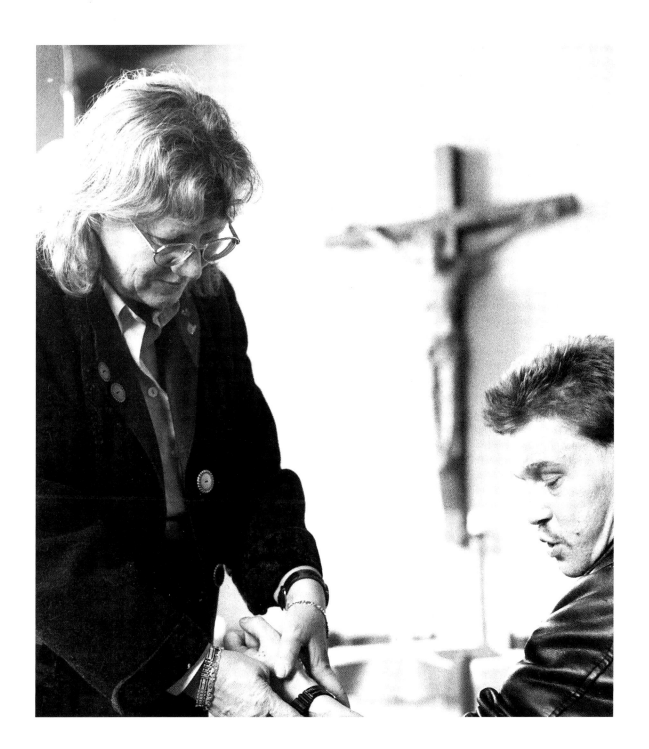

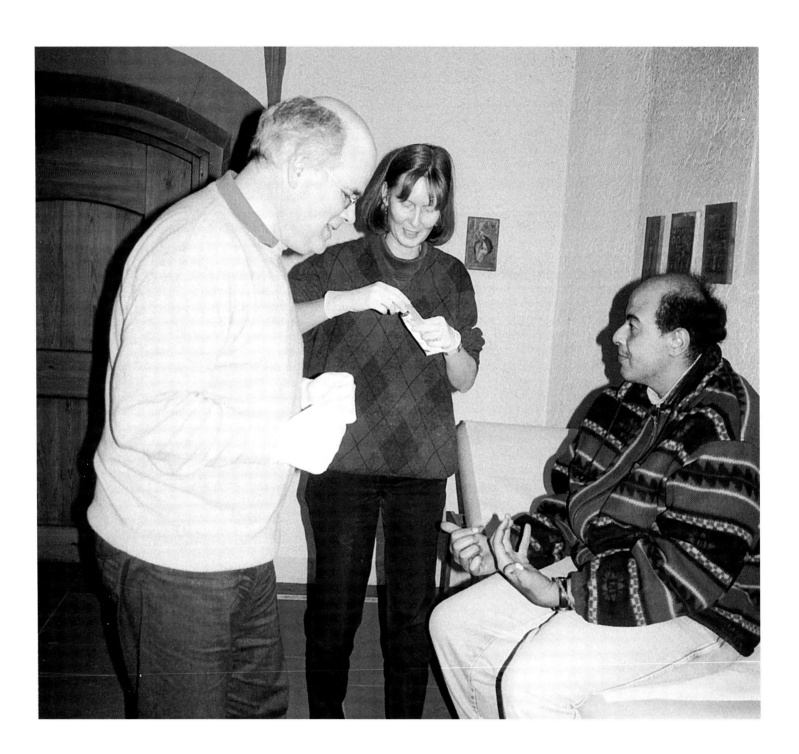

Tierärztinnen

Weil die »ganze Schöpfung« Raum haben soll in der Vesperkirche, spielt tierärztliche Versorgung eine große Rolle. Oft sind der Hund oder die Katze für unsere Gäste die einzigen Wesen, die noch Zuneigung und Nähe zeigen und Zärtlichkeit spüren lassen. Wie wichtig diese Tiere für unsere Gäste sind, kann man tagtäglich in anrührenden Szenen sehen. Umso schlimmer ist es, wenn diese Tiere krank werden und das Geld für die Behandlung fehlt. So ist der ehrenamtliche Einsatz unserer beiden Tierärztinnen von unschätzbarem Wert. Immer wieder schauen sie in der Kirche vorbei und behandeln die »Patienten« oder bestellen sie in ihre Praxis. Gegen Ende der Vesperkirche findet an einem Tag ein sichtbares und hörbares Spektakel statt: Die große Impfaktion für die Tiere. Fast 200 Hunde, Katzen, Ratten und anderes Getier werden geimpft oder sonstwie tierärztlich versorgt. Die lange Schlange vor der Außentür der Magdalenen-Kapelle erinnert an die Arche Noah, und die Dankbarkeit vieler Gäste für diese Impfung und das Kümmern um die Tiere zeigt, wie wichtig gerade für verarmte Menschen ihr Tier ist, das oftmals das einzig lebende Gegenüber für sie darstellt.

Es ist wichtig, dass wirklich die »ganze Schöpfung« Lebensraum in der Vesperkirche hat und dass unsere Tierärztinnen dazu ihren unverzichtbaren Beitrag leisten.

Objektiv gesehen ist ein Tier eine Belastung für unsere Gäste: hinderlich bei der Wohnungs- oder Quartiersuche, Kostenfaktor durch die anfallenden Versorgungskosten, obwohl das Geld kaum für sie selbst reicht. Außerdem müssen sie dem Leiden der Tiere hilflos zusehen, wenn sie bei einer Krankheit die Tierarztkosten nicht aufbringen können. Und doch sind die Tiere für unser Gäste überlebenswichtiges Gegenüber, das ihnen Nähe und Zärtlichkeit gibt, was viele unserer Gäste sonst nirgends finden.

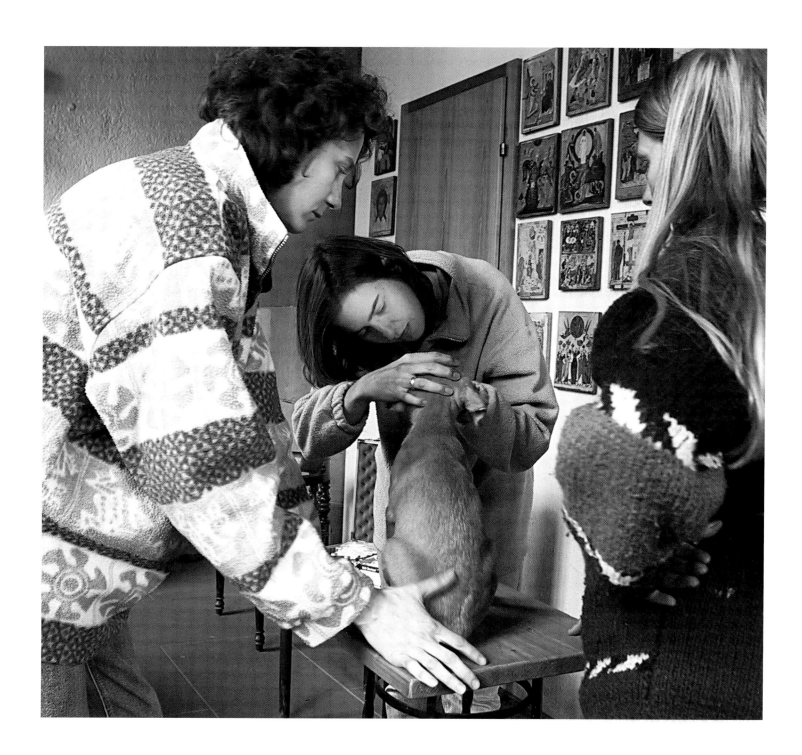

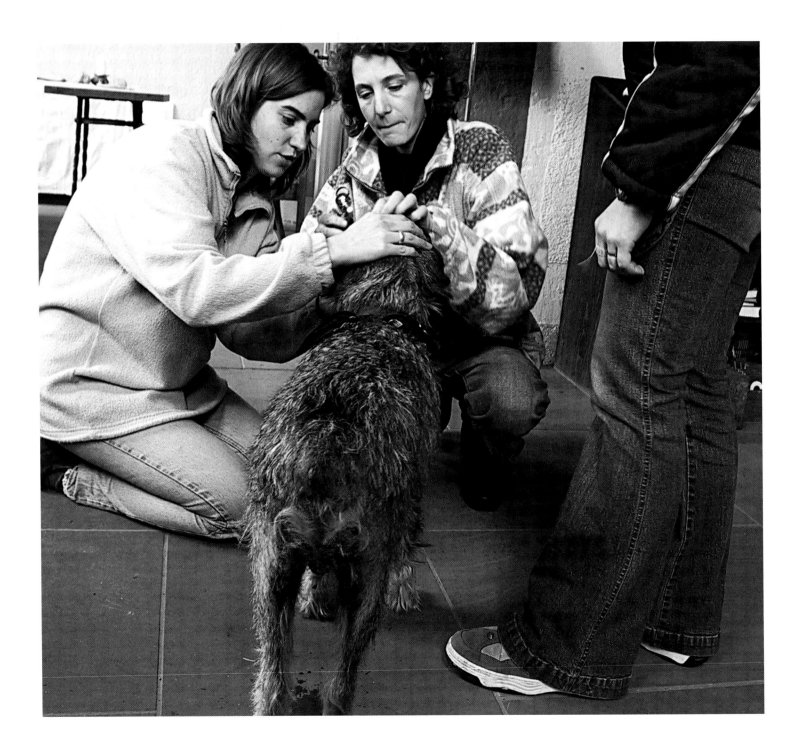

Küche, Bus und andere helfende Hände

Vesperkirche ist keine »Abfütterungsveranstaltung«, aber sie ist neben vielem anderen auch ein Ort, an dem man mit gutem Essen verwöhnt wird. Deshalb ist ein Herzstück der Aktion die Küche. Nach Jahren im Waldheim Altenberg kochen wir jetzt in der Küche der Evangelischen Gesellschaft. Herr Mack hat als Koch die erste Vesperkirche erst möglich gemacht, es folgte Herr Eifert, und jetzt hat Herr Grabowski die Küche übernommen. Über tausend Portionen kocht er mit einigen Hilfskräften Tag für Tag, weil viele hungrige Gäste bei uns natürlich auch einen Nachschlag bekommen. Nicht das Motto »für Arme darf es auch ein bisschen einfach sein«, sondern der Vorsatz »täglich wollen wir uns miteinander auf ein gutes Essen freuen«, galt von Anfang an. »Linsen und Spätzle« und Fisch sind die absoluten Lieblingsspeisen unserer Gäste, was es deshalb öfter mal gibt. Ansonsten ist der Speiseplan so abwechslungsreich, dass sich frühestens nach einigen Wochen eine Wiederholung ergibt. Mit viel Phantasie und Liebe zum Detail produziert die Küchenmannschaft täglich ein Essen, das nicht nur den Gaumen, sondern auch das Auge erfreut. Und an keinem Tag wissen wir genau, wie viele Essen wir brauchen – kein Problem: Herr Grabowski liefert mit kurzer Vorlaufzeit so viel, dass niemand die Kirche hungrig verlassen muss.

Transportiert wird das Ganze zusammen mit allen Getränken, die ebenfalls in der Küche zubereitet werden, von einem Transportteam, das ständig zwischen Kirche und Küche mit dem Vesperkirchenbus pendelt. Auf diesem Weg kommt auch das gebrauchte Geschirr zum Spülen in die Küche und sauberes wieder in die Kirche. So sorgt ein engagiertes Team im Hintergrund dafür, dass die Essensausgabe in der Vesperkirche reibungslos funktioniert, und vor allem dafür, dass sich alle in der Kirche auf das gemeinsame Essen freuen können.

Viele tragen dazu bei, dass sich unsere Gäste wohlfühlen, auch unsere Gäste selbst. Ein Team aus unseren Gästen putzt jeden Abend nach der Andacht sorgfältig die Kirche und den ganzen Vorplatz, »damit es morgen wieder schön ist bei uns«. Die Toiletten werden gereinigt, Botengänge werden gemacht, die schweren Körbe mit dem Schmutzgeschirr transportiert und die großen Behälter mit dem Essen in die Kirche getragen – unsere Gäste sind maßgeblich daran beteiligt, dass wir miteinander leben können.

Wichtig ist hier für viele auch, wenigstens für neun Wochen gebraucht zu werden, wenigstens für eine begrenzte Zeit etwas Sinnvolles mit anderen tun zu können. Aus dieser Gruppe »ehrenamtlicher Gäste« ist inzwischen ein Team geworden, dass auch das Jahr über immer wieder tatkräftig zupackt. Bei Wohnungsentrümpelungen zum Beispiel oder auch bei der Vorbereitung und Durchführung des Flohmarkts für die Vesperkirche.

Spielecke

»Dieser Trubel, die vielen Erwachsenen aus allen Armutsgruppen – das ist doch kein Ort für Kinder!« So und ähnlich lautete manche Kritik, als wir vor ein paar Jahren die Kinderecke eingerichtet haben.

Ich könnte diese Kritik problemlos teilen, wenn die Kinderecke Kinder in die Vesperkirche locken würde. Aber diese Kinder sind einfach da: Sie kommen mit ihren überschuldeten Eltern, weil zu Hause der Kühlschrank leer ist. Manche kommen alleine aus den Schulen der Umgebung, meist von ihrer Lehrerin geschickt, damit sie ein warmes Mittagessen bekommen, das es zu Hause nicht gibt. Andere sind mit ihren Müttern hier, mit denen zusammen sie auf der Straße leben.

Als wir wahrgenommen haben, dass immer mehr Kinder unter unseren Gästen sind, haben wir die Notwendigkeit erkannt, ihnen einen besonderen Raum zu geben, der nur ihnen gehört. Es gibt dort viele Möglichkeiten zu spielen oder zu malen. Besonders beliebt ist das Vorlesen, das unsere ehrenamtlichen Mitarbeiter gerne übernehmenmen. Manchmal spielen sie aber auch einfach nur mit, und auch das kommt bei unseren kleinen Gästen gut an.

Viele der Kinder brauchen eine lange Eingewöhnungszeit, um nicht alles einfach zu zerstören oder wegzuwerfen, was ihnen in die Finger kommt. Es ist faszinierend mitzuerleben, wie sie dann langsam anfangen zu spielen, zuzuhören und damit sich selbst und ihre Möglichkeiten neu zu entdecken. So ist die Kinderecke ein Ort der Ruhe mitten im Erwachsenentrubel, ein fröhlicher und kreativer Ort mitten in allen Problemen, die in der Vesperkirche spürbar sind. Und so gibt es in dieser Kirche, in der alle willkommen sind, einen besonderen Platz, an dem Kinder sich entfalten können und ein bisschen Geborgenheit spüren.

Ehrenamtliche

Jedes Jahr ist es von neuem faszinierend, mit welcher Selbstverständlichkeit so viele Menschen in die Vesperkirche kommen, um mitzuhelfen. Die Ehrenamtlichen sind es, die in Wirklichkeit Vesperkirche erst möglich machen. Über 420 waren es in diesem Jahr, darunter 140 Jugendliche. Nach einer kurzen Einsatzbesprechung geht es um zehn Uhr jeden Morgen los: Die Brotschneidemaschine fängt an zu rattern, etwa 120 Laib Brot werden täglich verarbeitet. Dann sitzen viele um einen großen Tisch herum mit Butter und Aufschnitt, einem Brettchen und einem Messer vor sich, und fangen an, eine endlose Reihe von belegten Broten zu richten. 25.000 Vesperpäckchen für den Nachmittag waren es allein bei der siebten Vesperkirche, das sind knapp 100.000 belegte Brote, die in dieser Zeit gestrichen wurden und für unsere Gäste als Abendessen hoch willkommen waren. Parallel dazu stehen einige am Getränkestand und schenken über 2000 Tassen Getränke am Tag aus: Sprudel, Kaffee, drei verschiedene Sorten Tee. Kurz vor halb zwölf bevölkern dann fünf bis sieben der Ehrenamtlichen den langen Tisch, an dem das Essen ausgegeben wird. Einer sitzt an der Kasse, nimmt die 1,20 Euro oder die Gutscheine entgegen, die wir für das Essen verlangen, die anderen stehen vor großen Warmhaltetöpfen, die unsere Küche uns liefert. Dann werden die etwa 800 Essensgäste täglich versorgt, inklusive Nachschlag sind es etwa 1.000 Teller, die gefüllt werden wollen. Auch am Schmutztisch stehen jetzt zwei der freiwilligen Helfer und nehmen das schmutzige Geschirr entgegen, das in der Küche in die Spülmaschine geht. Andere wischen Tische ab und mischen sich unter die Gäste. Den ganzen Tag sind ca. 25 Ehrenamtliche reichlich beschäftigt, nicht zuletzt auch in der Spielecke beim Spielen mit den Kindern. Wie kommt es, dass etwa 90 Prozent der Mitarbeiterinnen und Mitarbeiter des Vorjahrs bei der nächsten Vesperkirche wieder mitmachen, wie kommt es, dass wir nie zu wenig Ehrenamtliche haben, die mitarbeiten wollen? »Die Tage in der Vesperkirche haben mein Denken und Reden verändert.« »Hier kann ich endlich konkret anderen Menschen helfen.« »Ich freue mich immer auf den einen Tag pro Woche in der Vesperkirche.« »Es tut gut, einmal die Gelegenheit zu haben, Menschen, die ganz anders sind als man selbst, kennen zu lernen, ihre Lebensgeschichte zu hören. Man sieht diese Menschen dann anders.« Dies sind nur einige Aspekte, weshalb Jahr für Jahr so viele Menschen ihre Zeit und ihre Kraft einbringen, um Vesperkirche möglich zu machen. Sie kommen aus allen Altersgruppen, aus allen Bevölkerungs- und Einkommensschichten. Gemeinsam ist ihnen, dass sie miteinander offensichtlich etwas Sinnvolles tun wollen, das ihnen selber gut tut. Ganz spannend für uns war in diesem Jahr die große Anzahl der Jugendlichen, die mitgearbeitet haben. Darunter waren Auszubildende von zwei Stuttgarter Banken, die jeweils eine Woche bei uns eine Art Sozialpraktikum gemacht haben. Es waren Schülerinnen und Schüler der neunten Klasse des Mörike-Gymnasiums dabei, die jeweils eine Woche bei uns arbeiteten. An zwei Wochenenden kamen Schülerinnen und Schüler aus Herrenberg, die schon im Vorjahr zum Teil bei uns waren. Aus Bietigheim kamen fünf Schüler und haben die gesamten Faschingsferien mit uns gelebt. Und dann die beiden, die jeden Samstag morgen den Frühdienst bei uns übernehmen, und das schon seit Jahren. Neun Samstage sind das jeweils, jedes Mal stehen sie zu einer Zeit auf, die an normalen Samstagen für sie völlig undenkbar wäre, einfach weil sie zu uns gehören und ihnen die Vesperkirche ganz wichtig ist.

Inzwischen besteht eine sehr enge Zusammenarbeit mit dem Evangelischen Internat in Michelbach. Dort ist das einzige Gymnasium in Baden-Württemberg,

das Diakonie als Hauptfach unterrichtet. Die Schüler der zehnten Klassen aus dem Diakoniekurs absolvieren bei uns ein eintägiges Praktikum, bei dem sie voll mitarbeiten. Viele aus dem Kurs der elften Klasse sind zwei Wochen bei uns, um ihr Diakoniepraktikum abzuleisten.

Ehrenamtliche in der Vesperkirche: Einige nehmen Urlaub, um bei uns sein zu können, andere sind nun schon zum achten Mal dabei, andere kommen ganz neu dazu. Ehrenamtliche in der Vesperkirche: Da leisten nicht irgendwelche Gutwilligen einen Sozialdienst ab, hier fangen Menschen an, miteinander zu leben. Begegnungen halten über die Vesperkirche hinaus. Es gibt Kontakte zwischen Ehrenamtlichen und Gästen, die das ganze Jahr über bestehen, und wenn man unsere Gäste in der Stadt trifft, dann schaut man nicht aneinander vorbei, sondern freut sich, einander wiederzusehen. So miteinander in der Vesperkirche zu leben, relativiert dann auch manche eigene Fragestellung, die vorher ganz im Vordergrund zu stehen schien.

Ehrenamtliche und Hauptamtliche

Menschen mit ganz unterschiedlichen Qualifikationen und auch Lebensgeschichten gestalten gemeinsam die Vesperkirche. Bei keinem anderen Projekt ist mir das so deutlich geworden wie in der Leonhardskirche: Nur wenn jeder seine Gaben und seine Zeit in die Vesperkirche einbringt, kann dieses Zusammenleben vieler Menschen gelingen. Sich einsetzen – und sich selber doch nicht zu wichtig nehmen. Sich engagieren – und andere mit ihren Fähigkeiten zur Geltung bringen. Entschlossen mitarbeiten – und doch der Entfaltung anderer nicht im Wege stehen. Aufeinander hören – und gerade dabei sich mehr öffnen als sonst. So – behutsam

und doch sehr produktiv – miteinander leben: Das zeichnet das Miteinander von Ehrenamtlichen und Hauptamtlichen in der Vesperkirche aus. Da sind Menschen, die sich mit ihren ganz speziellen Fähigkeiten einbringen: die Ärztinnen, die Tierärztinnen, unsere Juristin, die Küchenmannschaft, die Mitarbeiter der Rettungsdienste und der Polizei.

Gerade weil die Vesperkirche ein sehr ungewöhnliches, aber auch ein sehr offenes Projekt ist, kann jeder seine Begabungen einbringen und wird mit seinen Fähigkeiten gebraucht.

Vesperkirche: ein Ort, an dem ich selbst viel erfahren und lernen kann, und ein Ort, an dem ich mich und meine Möglichkeiten einbringen kann: Beides ist wohl der Grund, warum jedes Jahr immer mehr Menschen zu unserem Team stoßen.

Christoph Honef

Hauptamtliche

Natürlich werden die Tage in der Vesperkirche entscheidend von unseren Ehrenamtlichen getragen – ohne sie wäre kein einziger Tag der Aktion denkbar. Gleiches gilt auch für die Hauptamtlichen, die Diakoninnen und die Diakone. Von Anfang an haben sie sich engagiert, inzwischen arbeiten viele von ihnen über Wochen mit und werden von den Kirchengemeinden dafür freigestellt. In der Begleitung bei Ehrenamtlichen, im Zuhören, im Begleiten unserer Gäste, im Betreuen von Besuchergruppen sind sie aus den Vesperkirchentagen nicht wegzudenken. Bei vielerlei Organisationsarbeit und vor allem in unzähligen Gesprächen sind sie wichtige Partnerinnen und Partner für unsere Gäste und bilden so ein unverzichtbares Netz während der Vesperkirche.

Christoph Honef

Martin Friz

Martin Friz spielt in der Vesperkirche nie den Chef. Dabei weiß hier jeder: Er ist es. Ohne den Traum und den tatkräftigen Einsatz des Stuttgarter Diakoniepfarrers gäbe es die Vesperkirche nicht. Die Gäste schätzen ihn als Ansprechpartner, wenn der Schuh drückt. Unzählige Male am Tag hört er die Frage: »Herr Pfarrer, haben Sie kurz Zeit für mich?« Oft muss er auf später vertrösten oder die Rat Suchenden an seine Mitarbeiterinnen und Mitarbeiter verweisen. Doch Martin Friz hat ein Gespür dafür entwickelt, wann sich eine Frage nicht vertrösten oder delegieren lässt. Und dann wird aus dem »kurz Zeit haben« nicht selten ein intensives Gespräch. Er kennt die Lebensgeschichte vieler Gäste. »Die Menschen spüren, dass auch mein Leben nicht glatt verlau-

fen ist. Das verbindet«, sagt er, dessen Leben vor zehn Jahren mit dem plötzlichen Tod seiner Frau eine neue Wendung nahm.

Mit tiefer, ruhiger Stimme und sparsamen Gesten versucht er, einen gelassenen Eindruck zu machen. Und tatsächlich ist Martin Friz für viele, denen die Sorgen über den Kopf wachsen, so etwas wie ein Ruhepol. Doch es gelingt ihm nicht wirklich, seine Anspannung abzulegen. Sein Blick streift ständig durch die Kirche. »Manchmal vergesse ich das Mittagessen, weil so viel zu tun ist«, gesteht er. Er ist Ansprechpartner für Behörden, Politiker, Polizei und Medien. Er führt Besuchergruppen durch »seine« Kirche. »Das ist schon manchmal anstrengend. Dann mag ich das Telefon gar nicht mehr läuten hören. Aber Stress ist das nicht. Ich habe Glück, meine Überzeugung leben zu können und das zu tun, was ich für sinnvoll halte. Außerdem mache ich ja nicht alles alleine. Erst das große Mitarbeiter-Team macht Vesperkirche möglich.«

Christoph Honef

Sonja Berger

Genauso häufig wie Martin Friz ist Diakonin Sonja Berger, seine Stellvertreterin, in der Kirche anzutreffen. »Wir können hier nicht unbedingt große Erfolge vorweisen«, meint sie. »Und trotzdem habe ich das Gefühl, dass ich zur richtigen Zeit am richtigen Ort bin. Da, wo ich gebraucht werde.« Die Vesperkirche ist natürlich nicht in der Lage, die Probleme ihrer Gäste aus der Welt zu räumen. Aber Sonja Berger ist immerhin überzeugt: »In den neun Wochen, die die Gäste hierher kommen, werden sie ermutigt. Sie verstehen wieder, dass sie eine Menschenwürde haben.« Und das hat Auswirkungen, die über die Vesperkirchen-Wochen hinausreichen. »Zu uns kommen viele, die haben sich beispielsweise in keine Arztpraxis

mehr getraut, obwohl sie es dringend nötig gehabt hätten. Wir helfen ihnen, ihre Hemmungen abzulegen und das einzufordern, was sie brauchen und was ihnen auch zusteht.«

Sonja Berger ist eine entschlossene Frau. Sie beherrscht aber auch die leisen, einfühlsamen Töne. Doch wenn es sein muss, kann sie laut werden und zupacken. Wie Martin Friz kommt sie nur selten zur Ruhe. Während Martin Friz die Vesperkirche nach außen hin repräsentiert, ist Sonja Berger fast immer bei den Gästen der Vesperkirche. Ständig in Alarmbereitschaft, um Streit zu schlichten oder den Notarzt zu holen, wenn ein Drogenabhängiger zusammenbricht. Und sie ist da für die Vielen, die sich einfach nur bei ihr ausweinen möchten. Auch Sonja Berger empfindet ihre Arbeit nicht als Einbahnstraße: »Wir sind mit unseren Gästen auf einer Stufe. Wir haben nicht auf jedes Problem eine Antwort parat, sondern wir suchen gemeinsam nach Lösungen. Ich bekomme von den Gästen sehr viel zurück. Wenn sie mir ihr Vertrauen entgegenbringen – das gibt Kraft und macht froh.«

Christoph Honef

Spender

Am Anfang der Vesperkirche war völlig unklar, wieviel Geld für eine solche Aktion zusammen kommen muss. Inzwischen wissen wir genau, dass wir für eine Vesperkirche Kosten von etwa 200.000 Euro abdecken müssen. Geblieben ist eine von Anfang an spürbare Bereitschaft vieler Menschen, mit Spenden zum Gelingen der Aktion beizutragen. Vor allem viele kleine Spenden trugen schon zu Beginn die Vesperkirche. Inzwischen erhalten wir zusätzlich auch von Familienfesten, Weihnachtsaktionen und einigen Großspendern die Mittel, die für die Vesperkirche notwendig sind. Nicht zuletzt tragen die Opfer vieler Kirchengemeinden, Spenden anlässlich von Konfirmationen oder Gutscheinverkäufen zur Deckung der Kosten bei.

Wie in vielen anderen Bereichen der Vesperkirche können wir vor Beginn der jährlichen Aktion nicht genau sagen, ob alles so funktionieren wird, wie wir uns das vorstellen. Das gilt auch für die Höhe der Spendengelder: Zum Anfang der Vesperkirche wissen wir nicht, ob sie auch dieses Jahr wieder in ausreichender Höhe fließen werden. Manche Katastrophe, viele andere sinnvolle Projekte erfordern ebenfalls Geldmittel, und letztlich muss sich der Spender dann entscheiden, wem er seine Unterstützung zukommen lassen möchte. Ich betrachte diese anderen Projekte nicht als »Konkurrenz«, wohl aber jedes Jahr als Anfrage an den Stellenwert und auch an den Bekanntheitsgrad von Vesperkirche. Bei jährlich steigenden Kosten durch die steigenden Gästezahlen in der Vesperkirche haben wir es zusammen mit allen Spendern bisher immer geschafft, dass es am Ende genug war, um alle Rechnungen zu bezahlen.

In ungewöhnlicher Weise helfen uns dabei die Medien mit ihren intensiven Berichten. Vor allem ist es aber die große Anzahl an Spendern, die mit Beträgen in ganz unterschiedlicher Höhe die Vesperkirche erst möglich machen. Deshalb möchte ich mich an dieser Stelle bei allen Spenderinnen und Spendern herzlich bedanken. Ihre Solidarität und ihre Mitverantwortung für unsere Arbeit hilft uns in ganz entscheidender Weise, anderen Menschen helfen zu können.

Abschlussgottesdienst

Schon die ganze letzte Woche jeder Vesperkirche ist immer wieder von Abschied und auch Traurigkeit geprägt. Zu vertraut ist das Miteinander, zu wichtig ist diese Heimat auf Zeit, als dass es leicht fallen könnte, diese gemeinsamen Wochen zu beenden. Aber eine Gemeinschaft muss auch erkennen, was miteinander zu leisten ist. Neun Wochen Vesperkirche zeigen eben auch Grenzen des Machbaren auf. Vesperkirche ist Gemeinschaft auf Zeit, und nicht Reparaturbetrieb unserer Gesellschaft, an den sich Elend und Armut vieler Menschen unserer Stadt einfach delegieren lassen.

So ist der Abschlussgottesdienst natürlich geprägt von Abschied und Traurigkeit, aber auch Dankbarkeit wird deutlich für die gemeinsame Zeit. Es ist schön, dass Dieter Kurz mit seinem Gospelchor traditionell die musikalische Gestaltung dieses Gottesdienstes übernimmt. Das tut allen Gemütern gut. Am Ende ziehen wir noch einmal mit Brot und Kerzen nach hinten zum Ausgang. Wir brechen das Brot miteinander als Zeichen einer Gemeinschaft, die bleibt. Jeder bekommt als Abschiedsgeschenk eine Kerze, die er an den Altarkerzen entzünden kann, um so das Licht mitzunehmen in die Zeit, die kommt.

Nachwort

Viele Menschen haben zum Entstehen dieses Buches beigetragen. Ihnen allen gilt mein herzlicher Dank:

Marlene Fritsch und Anette Stickel haben ehrenamtlich Lektorat und Herstellung übernommen. Ohne ihre Mitarbeit wäre dieses Buch erst gar nicht entstanden.

Herr Fieselmann hat mit großer Geduld und viel Einfühlungsvermögen die Fotos gemacht – in der Vesperkirche keine einfache Aufgabe.

Christoph Honnef und Christof Vetter haben Bausteine zum Text beigetragen. Thomas Bez hat das zunächst »verlagslose« Buch in das Programm von Fleischhauer und Spohn aufgenommen.

Nicht zuletzt danke ich auch an dieser Stelle dem Kirchengemeinderat der Leonhardsgemeinde in Stuttgart, der uns jedes Jahr in seiner Kirche willkommen heißt.

Ein Buch kann Eindrücke vermitteln und von der Entwicklung eines Projekts berichten, es kann aber keine Begegnungen ersetzen und keine Atmosphäre spüren lassen. Deshalb wünsche ich mir, dass dieses Buch auch eine Einladung ist, uns in der Vesperkirche zu besuchen und ein Stück Weg mit uns zu gehen.

Zum Glück ist die Stuttgarter Vesperkirche keineswegs mehr »einmalig«. Inzwischen ist fast jedes Jahr eine neue Vesperkirche dazu gekommen. Es gibt sie jetzt in Ulm, Reutlingen, Mannheim, Pforzheim, Wasseralfingen und Göppingen. Auch diese Vesperkirchen laden zu einem Besuch und zur Mitarbeit ein.

Über alles, was Sie an Vesperkirche interessiert, können Sie sich auch im Internet unter www.vesperkirche.de informieren.

© 2003 Verlag Fleischhauer + Spohn GmbH & Co. KG, Bietigheim-Bissingen
Bilder: Bildarchiv Rainer Fieselmann, Friedrichstraße 71, 72800 Eningen
Umschlaggestaltung, Layout, Satz: Anette Stickel
Lektorat: Marlene Fritsch
Druck: Offizin Chr. Scheufele, Stuttgart

ISBN 3 87230 777 0